# Breve historia de Babilonia

# Breve historia
# de
# Babilonia

Juan Luis Montero Fenollós

nowtilus

**Colección:** Breve Historia
www.brevehistoria.com

**Título:** Breve historia de Babilonia
**Autor:** © Juan Luis Montero Fenollós
**Director de la colección:** José Luis Ibáñez Salas

Copyright de la presente edición: © 2012 Ediciones Nowtilus, S.L.
Doña Juana I de Castilla 44, 3º C, 28027 Madrid
www.nowtilus.com

**ISBN-13:** 978-84-9967-299-1
**Fecha de edición:** Marzo 2012

**Impreso en España:**
**Imprime:**
**Depósito legal:** M. 4451-2012

*Para Bea y Lucía,*
*en recompensa por el tiempo robado.*

# Índice

# Prólogo

¡Babilonia! ¡No hay como oír el nombre de esta prestigiosa capital del país mesopotámico para sentir un gran soplo de historia! Primera megalópolis conocida, tan alabada como deshonrada en la Biblia, y objeto de fascinación para los griegos, y en particular para Alejandro Magno, que ambicionaba convertirla en la capital universal del imperio que estaba construyendo desde Grecia hasta el Indo sobre las ruinas de las ambiciones de asirios, babilonios y persas. Babilonia es el único –y último– gran testigo, en la memoria occidental, de una historia milenaria, de la que emergían algunos nombres que se relacionaban con los orígenes del mundo y los inicios de la humanidad. Su nombre ha estado rodeado de un misterio profundo en el que la leyenda y el mito han triunfado sobre la historia. El recuerdo de Babilonia nos ha llegado a través de la Biblia y de los autores clásicos, pero ¿no hay en su mensaje una cierta traición histórica?

A partir de la Edad Media y Moderna, el mundo occidental –en su búsqueda del conocimiento y en su descubrimiento progresivo del mundo y de las rutas para encontrar las especias y el oro, obra de atrevidos viajeros y exploradores–, halló en Oriente unos pocos restos de monumentos aún en pie y algunos documentos, de arcilla o de piedra, provistos de unos signos extraños que le hicieron soñar. Las preguntas enraizaron finalmente en un vasto movimiento intelectual de búsqueda de los orígenes, en primer lugar de Occidente, a través de los restos materiales y los monumentos que aún subsistían en las ciudades europeas. Este movimiento se extendió posteriormente a otros mundos y a un pasado mucho más lejano. Y fue así como en el siglo XIX, las colinas desoladas de Mesopotamia, que los árabes llaman *tell* y que encierran las ruinas de antiguas instalaciones humanas, comenzaron a ser el objeto de aquellas exploraciones destinadas a extraer de la tierra los testimonios de un pasado remoto.

Curiosamente, no fue Babilonia, a pesar de su fama, la que atrajo a los primeros arqueólogos, sino Asiria, donde una de sus capitales, Nínive, rivalizaba en notoriedad con Babilonia. Los descubrimientos fueron tan ricos en el llamado «triángulo asirio», junto al Tigris, que durante cerca de sesenta años concentraron toda la atención de las excavaciones. Por el contrario, las primeras tentativas de investigación en Babilonia no hacían vislumbrar una recolección de obras de arte tan bella. Fue necesario esperar a los deseos imperiales de Alemania para que una acción de envergadura se pusiera en marcha en Babilonia. Esta duraría dieciocho años ininterrumpidos, a partir de 1899, y mostraría al mundo los principales monumentos y la organización urbana de una gran capital de la Antigüedad oriental.

Juan Luis Montero Fenollós, investigador iniciado en la arqueología de Oriente Próximo a través del estudio de uno de los grandes descubrimientos de esta civilización –la metalurgia–, quedó atrapado rápidamente por el encanto de uno de los grandes enigmas de la capital babilónica, la legendaria Torre de Babel transmitida por la Biblia y convertida en símbolo de la desmesura y de la locura de los hombres. Sin embargo, como arqueólogo e historiador, ha sido la realidad histórica, y no el mito, lo que él ha buscado detrás de los vestigios materiales y de los textos antiguos. Su inquietud intelectual le ha llevado a sobrepasar el simple estudio del célebre monumento babilónico para interesarse por el conjunto de la documentación de los zigurats, esas enormes torres escalonadas tan características de las ciudades mesopotámicas. Sus estudios han renovado completamente nuestro conocimiento sobre este tipo de construcciones. Y es ahora, con este libro, cuando nos ofrece una evocación de conjunto de la prestigiosa Babilonia, de su historia, de sus monumentos y del papel que esta desempeña aún en nuestro imaginario. Sin duda, gracias al profesor Juan Luis Montero Fenollós, Babilonia regresa al presente no para «perturbar toda la tierra», como afirmó el profeta Jeremías (51, 7), sino para mostrarnos toda su grandeza histórica.

**Jean-Claude Margueron**
Antiguo director de las excavaciones
arqueológicas francesas en Mari, Emar,
Ugarit (Siria) y Larsa (Irak)

# Introducción

El amante de la Historia conocerá, sin duda, nombres como los de Cleopatra, Pericles, Aníbal o Augusto. Son personajes históricos que nos conducen directamente a algunas de las civilizaciones más importantes del mundo antiguo: Egipto, Grecia, Cartago y Roma, respectivamente. La situación cambia drásticamente si los nombres propios evocados son, por ejemplo, los de Sumuabum o Nabonido. Se trata, sin embargo, de dos importantes monarcas de la historia de la antigua Mesopotamia. El primero fue nada menos que el rey fundador, hacia el 1894 a. C., de la primera dinastía babilónica, mientras que el segundo fue el último monarca de Babilonia, antes de la conquista de la ciudad por los persas en el año 539 antes de Cristo.

Es evidente que existe un preocupante desconocimiento entre el gran público de lo que fue y de lo que significó realmente el Imperio de Babilonia en el marco de la Historia Antigua universal. Esta discriminación de lo babilónico se hace palpable incluso en un arte tan

Fotograma de *Intolerancia* (1916), película inspirada en gran medida en la antigua Babilonia. Los personajes, sin embargo, aparecen ataviados al más puro estilo asirio. Hacía ya diecisiete años que los arqueólogos alemanes estaban excavando en Babilonia.

universal como el del cine y su particular visión del mundo antiguo. *Sinuhé el egipcio*, *Tierra de faraones*, *Cleopatra*, *La momia*, etc. son algunos ejemplos de los numerosos largometrajes que, con mayor o menor acierto, han contribuido a la divulgación del Egipto faraónico. Por el contrario, la presencia de Babilonia en el séptimo arte es mínima en comparación con la de otros imperios antiguos. Una excepción es la película *Intolerancia* del estadounidense David Griffith, quien en 1916 creó uno de los decorados históricos más elaborados y espectaculares del cine mudo, recreando con cierta fantasía parte de la ciudad de Babilonia. Esta exclusión de lo mesopotámico (Súmer, Acad, Asiria y Babilonia) se da incluso, y de forma incomprensible, en el ámbito académico, pues en la universidad española los estudios sobre las antiguas civilizaciones mesopotámicas son absolutamente minoritarios en comparación con otros países europeos de nuestro entorno (como Francia, Alemania o Reino Unido).

Con el objetivo de acabar con esta injustificable laguna, el lector podrá descubrir en las próximas páginas la verdadera importancia de la apasionante y compleja historia de Babilonia, a través de una visión renovada y alejada de mitificaciones.

## FRANCIA Y GRAN BRETAÑA A LA CONQUISTA DE ASIRIA

Europa siempre ha guardado un recuerdo, a través de la tradición bíblica, de sus raíces orientales y de que la historia, con Adán al frente, había comenzado en el occidente de Asia. Sin embargo, habrá que esperar a que los primeros viajeros y eruditos europeos se desplacen hasta Oriente para conocer de primera mano los testimonios de los lejanos orígenes de nuestra propia civilización.

Desde el siglo XIX la pasión de los arqueólogos por el país delimitado entre los ríos Tigris y Éufrates no ha disminuido un ápice, a pesar de los tiempos convulsos que en los últimos años ha vivido la región que hoy se corresponde con el moderno Irak y parte de Siria. Hasta las primeras excavaciones, a partir de 1842, las principales fuentes de información sobre las antiguas civilizaciones mesopotámicas (Asiria y Babilonia) eran la Biblia y los relatos de los geógrafos e historiadores griegos y romanos.

La lectura de los textos grecorromanos, y en particular del Antiguo Testamento, inspiró a muchos viajeros europeos, que desde los inicios de la Edad Media se desplazaron a Oriente Próximo para visitar los lugares donde se habían gestado algunos de los episodios de la historia bíblica. Es el caso de la ciudad sumeria de Ur, que el libro del Génesis identifica como la patria originaria de Abraham hasta su peregrinación a la Tierra Prometida, o del zigurat de Babilonia al que el mismo libro bíblico bautiza con el nombre de Torre de Babel. Estos primeros aventureros europeos de las épocas medieval y moderna eran religiosos, militares, comerciantes, médicos o diplomáticos que por su trabajo se habían desplazado hasta Oriente. A pesar de las distintas motivaciones de sus viajes, casi todos ellos mostraron gran interés en la búsqueda de evidencias tangibles sobre los orígenes remotos del cristianismo. Soñaban con ver con sus propios ojos los escenarios de Tierra Santa en los que habían vivido los protagonistas de las Sagradas Escrituras: Abraham, Isaac, Jacob, etcétera.

Entre los siglos XII y XIX nos encontramos con numerosos viajeros europeos, que muestran diversos grados de interés por el descubrimiento del antiguo

Oriente. Tres lugares van a centrar su atención: Babilonia y la Torre de Babel; Nínive, la capital de los asirios; y, por último, Persépolis, la gran capital de la dinastía persa aqueménida. El primer viajero del que tenemos constancia escrita es Benjamín de Tudela, un rabino oriundo de Navarra que entre los años 1165 y 1170 realizó un largo periplo por Siria, Mesopotamia y Egipto. Resultado de esta experiencia personal es su *Libro de viajes*, en el que nos suministra algunos datos de interés para la arqueología. En los siglos siguientes, se sucederán numerosos europeos que, con mayor o menor acierto, nos transmitirán su particular visión de los monumentos en ruinas de las antiguas civilizaciones de Oriente, siempre marcada por un halo romántico y legendario.

Pero si se quería progresar en el conocimiento de las civilizaciones mesopotámicas era necesario pasar a una nueva etapa en la exploración, pues las descripciones de las ruinas visibles en superficie habían agotado sus posibilidades. Había que empezar a excavar en las viejas colinas de tierra que jalonaban las riberas de los ríos Tigris y Éufrates. Tan trascendental avance para la arqueología de Mesopotamia tuvo lugar en diciembre de 1842, pero no fructificó hasta tres meses más tarde. Fue en marzo de 1843 cuando el cónsul francés Paul-Émile Botta dio un paso de gigante para el descubrimiento de las civilizaciones mesopotámicas en una colina llamada Horsabad, cerca de Mosul, en el norte del actual Irak. Tras siglos de olvido, el diplomático francés había sacado a la luz espectaculares obras de un arte hasta entonces nunca visto: grandes toros alados e inmensos relieves de piedra. Botta había resucitado una civilización, la de los asirios, conocida hasta ese momento únicamente por la Biblia y los autores clásicos. Consciente de la importancia de los hallazgos, el propio descubridor escribió lo siguiente: «Yo he tenido la primera revelación de un nuevo mundo de antigüedades».

Tan importante descubrimiento será apoyado por París mediante el envío de fondos, que servirán para intensificar los trabajos con la contratación de cientos de obreros locales para las tareas de desescombro. El ritmo fue frenético y el volumen de hallazgos espectacular. Sin embargo, Botta tuvo que negociar duramente con el gobernador turco de la región (era la época del Imperio otomano) para obtener el permiso necesario y poder excavar. Mehmed Pachá, que así se llamaba el gobernador en cuestión, llegó a amenazar y torturar a los hombres contratados para cavar en la colina de Horsabad, con la sorprendente justificación de que Botta quería despertar a demonios y monstruos de piedra procedentes del Infierno. Eran los tiempos de la arqueología épica. A pesar de las dificultades, el cónsul francés excavó durante más de un año de forma ininterrumpida entre las ruinas del palacio del rey asirio Sargón II (721-705 a. C.).

Dado el evidente interés histórico de sus hallazgos, Botta envió a su país algunas de las obras de arte asirio descubiertas en sus trabajos. A tal fin, organizó una compleja empresa para transportar por tierra estos tesoros, algunos de varias toneladas de peso, en grandes carros tirados por hombres. El objetivo era alcanzar las aguas del Tigris, descender en balsas hasta la ciudad de Basora y embarcar allí la carga hasta su destino final. En febrero de 1847, y tras una larga travesía, esta llegó a París por el Sena. En mayo de ese mismo año, el rey Luis Felipe inauguraba en el Museo del Louvre las primeras salas dedicadas por una institución europea al Imperio asirio y, por tanto, a la historia de las civilizaciones mesopotámicas. Al contemplar estos

Dibujo de un toro alado de Horsabad, la antigua ciudad asiria de Dur-Sharrukin, de Eugène Flandin, arquitecto francés que colaboró con Botta en sus excavaciones en el norte del actual Irak.

tesoros antiguos, algunos llegaron a exclamar: «¡La Biblia tenía razón!».

Los trabajos continuaron bajo el gobierno de Napoleón III, entre 1852 y 1854, dirigidos por Victor Place, el sucesor de Botta en el consulado francés de Mosul. Durante sus excavaciones en Horsabad, Place hizo gala de ciertas inquietudes metodológicas, ya que introdujo por primera vez el uso de la fotografía como técnica para documentar los trabajos arqueológicos.

El traslado desde Nimrud hasta el río Tigris de las obras
de arte asirio, para su posterior envío a Londres, fue una
operación de gran envergadura.

Las tareas se concentraron en la excavación del palacio, de la muralla y del zigurat de la antigua Dur-Sharrukin, la ciudad diseñada por el monarca asirio Sargón II. Los hallazgos fueron numerosos, pero la mayor parte de ellos conoció un trágico final en su transporte hacia París. El 21 de mayo de 1855 las ocho balsas cargadas por Place con tesoros asirios, entre ellos dos enormes toros alados, se hundieron en el Tigris al ser asaltadas por bandidos de la región. En el ataque, gran parte de la documentación y de las cajas cargadas con obras se perdieron bajo las aguas del río.

El valor histórico de estos descubrimientos de Francia no pasó desapercibido en Gran Bretaña. Bien al contrario. Los británicos no querían quedar a la zaga en la carrera por descubrir lo mejor de las civilizaciones mesopotámicas presentes en la Biblia. La rivalidad entre Francia y Gran Bretaña por controlar los principales yacimientos arqueológicos de la región alcanzó su punto álgido a mediados del siglo XIX. La respuesta británica llegó de la mano del diplomático Henry Layard, que en 1845 empezó a excavar en Nimrud, la antigua capital asiria de Calah, en el curso del Tigris. El éxito fue inmediato. Con la ayuda de un cristiano caldeo oriundo de Mosul, Hormuzd Rassam, sacó a la luz parte de los tesoros artísticos del palacio del rey asirio Assur-nasir-pal II (883-859 a. C.), entre ellos, numerosos bajorrelieves y varios toros alados. Dos años después de los primeros descubrimientos, Layard organizó un convoy con destino al Museo Británico de Londres.

La actividad arqueológica inglesa en el país de los asirios se extendió en 1849 a la colina de Kuyunyik, donde Layard localizó finalmente las ruinas de Nínive, la gran capital del Imperio de Asiria, tomada y saqueada en el año 612 a. C. por una coalición encabezada por Babilonia. Ayudado por Rassam sacó a la luz el llamado «palacio sin rival» del rey Senaquerib (704-681 a. C.). En poco más de un mes de trabajo, descubrió numerosas tablillas cuneiformes, toros alados y relieves con escenas de guerra, que pasarían a formar parte de la colección de Próximo Oriente antiguo del Museo Británico. En 1851, Layard abandonó la arqueología en Mesopotamia para dedicarse de lleno a su carrera política.

La exhibición en Londres de las obras de arte asirias recuperadas en Nimrud y Kuyunyik tuvo un hondo impacto en la sociedad británica de mediados del siglo XIX. El descubrimiento de Nínive, descrita en el libro de Jonás como «ciudad grande sobremanera, de tres días de recorrido», causó una profunda impresión entre los estudiosos de la Biblia, ya que abría nuevas y desconocidas perspectivas sobre las estrechas relaciones entre la historia de Asiria y la historia bíblica.

Tras la marcha de Layard, la arqueología británica en Mesopotamia quedó en manos de sus colaboradores: el coronel Henry Rawlinson, que practicó una rivalidad cortés con sus colegas franceses, y Rassam, cuyo trabajo estuvo marcado por sus controvertidos métodos. La rivalidad franco-británica llegó a su punto culminante a la hora de establecer los derechos de excavación sobre los principales yacimientos de la región de Mosul. El caso más difícil fue el de Kuyunyik, la antigua Nínive, donde se llegó a la solución salomónica de dividir el yacimiento en dos sectores. A Francia le correspondería la parte norte, quedando el resto en manos de Gran Bretaña. Sin embargo, esta solución no fue del agrado de Rassam, que tenía la firme convicción de que en el sector bajo control francés se escondían los tesoros más importantes de la ciudad. Así, en diciembre de 1853, obviando completamente el acuerdo, el asistente de Layard comenzó a excavar de forma clandestina en la parte francesa. Allí se tropezó con el palacio y la biblioteca del rey Asurbanipal (668-627 a. C.). Para no ser descubierto, Rassam trabajó de noche y utilizó un sistema de galerías subterráneas que le permitía llegar hasta el sector norte de Nínive. Este expolio originó un conflicto diplomático entre ambos países, que se resolvió devolviendo algunos de los tesoros descubiertos con un método tan poco ortodoxo.

De forma progresiva, París y Londres se vieron inundados de tesoros asirios. Pese a ello, el conocimiento de este imperio mesopotámico era todavía incompleto, pues el significado de su escritura aún era un misterio. Esta fue bautizada con el nombre de cuneiforme, del latín *cuneus* ('cuña' o 'clavo'), por los eruditos occidentales, perplejos ante tan extraños signos. El primer gran avance serio en el proceso de traducción del cuneiforme fue obra del filólogo alemán Georg Grotefend, que en 1802 presentó ante la Academia de Ciencias de Gotinga los primeros resultados del desciframiento del persa antiguo, escrito en signos cuneiformes, de las inscripciones reales de Persépolis, en Irán. El impulso final sería obra de Henry Rawlinson, que entre 1835 y 1851, infatigable y tenaz, se entregó con pasión al estudio de la inscripción rupestre trilingüe (en persa antiguo, elamita y acadio) del rey persa Darío (521-486 a. C.), grabada en el acantilado rocoso de Behistun, en Irán. Para ello, no dudó en escalar y en trabajar suspendido de una cuerda a gran altura para poder copiar las inscripciones. La principal dificultad que hubo de superar fue que, a diferencia de Egipto, no existía una «Piedra Rosetta mesopotámica», con una escritura conocida (como el alfabeto griego), que sirviera para descifrar el cuneiforme, lo que sí ocurrió con la escritura jeroglífica. A pesar de ello, Rawlinson conseguirá leer el persa antiguo (lengua indoeuropea), que finalmente será la clave para descifrar el cuneiforme mesopotámico.

En 1857 el proceso de traducción llegó a su punto clave. La Real Sociedad Asiática de Londres convocó a cuatro sabios para que realizaran la traducción de un texto inédito del rey asirio Tiglat-piléser I (1114-1076 a. C.), que permitiera tener la certeza de que la escritura cuneiforme de los asirios había sido descifrada. En este apasionante reto intelectual participaron el orientalista de origen alemán Jules Oppert, el militar anglo-británico Henry Rawlinson, el pionero de la fotografía William Talbot y el pastor irlandés Edward Hincks, que fueron conminados a enviar su traducción en un sobre sellado. Las cuatro versiones eran lo suficientemente próximas entre sí para satisfacer a la comisión evaluadora. La lengua acadia utilizada por los asirios podía considerarse descifrada.

A partir de aquí, el rescate de la historia de los asirios de su olvido milenario fue imparable. En 1872, se produjo otro hallazgo excepcional. George Smith, un grabador de billetes convertido en conservador de las tablillas cuneiformes del Museo Británico, encontró entre los miles de textos de arcilla que estaba clasificando un fragmento que le llamó la atención por su contenido. El texto hablaba de un diluvio, cuya descripción tenía claros paralelismos con el descrito en la Biblia. El 3 de diciembre de aquel año, Smith presentó ante la prestigiosa Sociedad de Arqueología Bíblica de Londres su sensacional descubrimiento. Por primera vez en la historia, un relato del libro del Génesis estaba atestiguado en un contexto no bíblico, esto es, en un documento de arcilla presumiblemente más antiguo que el texto del Antiguo Testamento. El impacto de este descubrimiento fue extraordinario, a lo que contribuyó el interés que la prensa dedicó a esta noticia, en particular el *The Daily Telegraph*.

El monumento rupestre de Behistun, en Irán, fue una pieza clave en el proceso de comprensión de la escritura cuneiforme. La gran inscripción y el relieve del rey Darío (521-486 a. C.), situados a una altura de sesenta metros, ocupan una superficie de siete por dieciocho metros.

La reconstrucción de la historia de Asiria era ya una cuestión imparable. Por el contrario, la resurrección de Babilonia aún tendría que esperar unos años, hasta la entrada en acción, en 1899, de la arqueología alemana.

## Mesopotamia, «el país entre dos ríos»

El Tigris y el Éufrates dieron forma al país mesopotámico, uno de los tres grandes dominios irrigados de la Antigüedad junto con el Indo y el Nilo. La originalidad de Mesopotamia es la de tener no uno, sino dos ríos. Ambos cursos fluviales hicieron posible el milagro mesopotámico, del mismo modo que el Nilo lo hizo en Egipto. ¿A qué llamamos en la actualidad Mesopotamia? Se trata de un concepto griego acuñado por los historiadores de la época de Alejandro Magno, que significa 'el país entre ríos' según su sentido etimológico. Por tanto, Mesopotamia es, en sentido estricto, la región del Próximo Oriente antiguo limitada por el recorrido de los ríos Tigris y Éufrates, que se corresponde en la actualidad con Irak y una parte de Siria.

Los antiguos habitantes de esta región nunca la denominaron así. En otras palabras, los mesopotámicos nunca existieron como tales, pues en el país de los dos ríos nunca nadie se identificó como mesopotámico. Pero los antiguos habitantes de esta zona del Próximo Oriente no tenían un término preciso para referirse al territorio en el que vivían, a pesar de que éste les proporcionaba una marcada identidad. Tenemos buena prueba de ello en el empleo de dos vocablos que significaban simplemente 'país', *kalam* (en lengua sumeria) y *mâtu* (en lengua acadia), para referirse al espacio geográfico delimitado por las cuencas de los dos ríos gemelos.

Mesopotamia, que posiblemente sea una traducción griega de la expresión aramea *abr nahrain* ('entre ríos'), es un término geográfico y cultural que permanece en uso entre los modernos historiadores por dos razones: por un lado, el peso de la tradición historiográfica y, por otro, la falta de un nuevo concepto que defina mejor a las culturas que, entre el IV y el I milenio a. C., se desarrollaron a orillas del Tigris y del Éufrates. En cualquier caso, hay que tener bien presente un hecho: la antigua Mesopotamia es consecuencia de los diferentes grupos humanos que convivieron y se sucedieron en un mismo escenario geográfico durante varios milenios y, por tanto, se trata de un concepto que encierra una realidad cultural compleja y diversa. Sumerios, acadios, asirios y babilonios, entre otros, dieron forma a su historia, a diferencia del Egipto faraónico, un mundo más monolítico, hermético y encerrado en sí mismo.

Mesopotamia engloba en realidad dos dominios geográficos diferentes y complementarios a la vez, a saber: al norte, la Yezira o Alta Mesopotamia, y al sur, la llanura mesopotámica propiamente dicha o Baja Mesopotamia. En la primera, las lluvias son suficientes para permitir el cultivo de cereal y es aquí donde nació la agricultura y la ganadería. En la segunda, tierra de limos aluviales y de agua, tuvo lugar la aparición de la primera civilización urbana, basada en la agricultura de regadío y en el uso de la arcilla y del adobe. Se trata de una región compleja, donde han tenido lugar importantes transformaciones del medio físico en los últimos diez milenios: movimientos tectónicos, cambios climáticos y variaciones del nivel marino. Las principales ciudades sumerias fueron fundadas cerca de un mar hoy retirado.

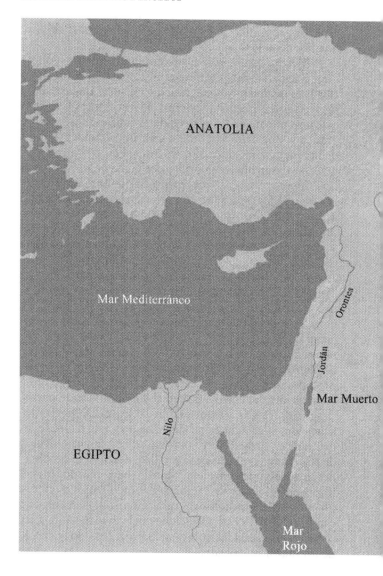

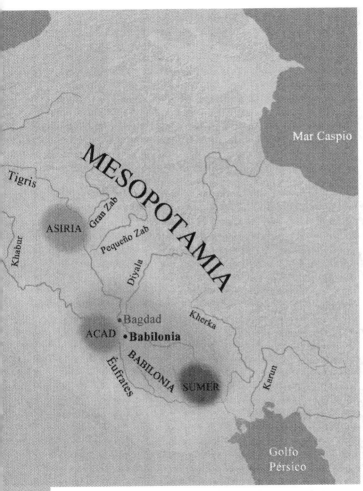

Geografía de Mesopotamia, actual Irak y parte de Siria,
donde destacaron entre el IV y el I milenio a. C.
civilizaciones tan importantes como Súmer, Acad, Asiria y
Babilonia.

El Éufrates a su paso por la garganta de Halabiya, en Siria. Este río fue una gran vía fluvial que determinó en gran medida el discurrir político y económico de Mesopotamia.

La Alta y la Baja Mesopotamia estaban conectadas por las cuencas del Tigris y del Éufrates. Ambos ríos descienden con diferente dirección de las montañas de lo que hoy es el este de Turquía, donde nacen a escasa distancia uno de otro. Estas montañas periféricas reciben precipitaciones de régimen mediterráneo en invierno, en forma de nieve según la altitud, y en primavera. Los ríos conocen aguas altas al fundirse las nieves con la llegada de la primavera.

El Éufrates, llamado *Buranun* en sumerio y *Purattu* en acadio, es un río que mide más de dos mil ochocientos kilómetros entre su nacimiento en los montes Tauro y su desembocadura en el golfo Pérsico.

Por convención se habla de Alto Éufrates, si se trata del río a su paso por suelo turco, de Medio Éufrates si de su recorrido por Siria, y de Bajo Éufrates cuando atraviesa Irak. A lo largo de este recorrido recibe los aportes de dos afluentes en su ribera izquierda, los ríos Balih y Habur, que nacen igualmente en Turquía. Por su parte, el Tigris, denominado *Idiglat* en sumerio y acadio, tiene una longitud de mil novecientos cincuenta kilómetros, y su curso comprende tres partes bien individualizadas, esto es: el Alto Tigris, en el actual Kurdistán turco; el Tigris Medio, a su paso por la antigua Asiria; y el Bajo Tigris, a partir de la ciudad de Bagdad. A diferencia de su hermano gemelo, el Tigris recibe los aportes de varios afluentes importantes por la ribera izquierda, a saber: el Gran Zab, el Pequeño Zab, el Adhem, el Diyala y el Herka. Todos proceden de la cadena montañosa de los Zagros. Ambos cursos fluviales, Tigris y Éufrates, unen sus aguas en la actualidad en Shatt-al-Arab, un delta pantanoso que alberga uno de los mayores palmerales del mundo.

La cuenca mesopotámica que se acaba de describir más arriba no deja de ser el fruto de una visión restrictiva

El río Tigris, en la zona de Turquía. El hermano menor del Éufrates fue clave en el desarrollo del Imperio de Asiria entre el II y I milenio a. C. Las grandes capitales asirias (Asur, Nínive, Calah y Dur-Sharrukin) se fundaron en sus orillas.

de una realidad histórica mucho más compleja. Se hace necesario, por tanto, comprender esta cuenca aluvial en el marco de un contexto geográfico más extenso. No podemos olvidar de forma intencionada aquellas regiones limítrofes que han participado desde el punto de vista económico, político o militar en el discurrir histórico de Mesopotamia. Estos son los casos, por citar algunos, de Elam, en Irán; del reino hitita, en Anatolia; de Urartu, en Armenia; o de Ebla y Ugarit, en Siria. Es decir, la «verdadera Mesopotamia» era aquella situada entre las orillas del Mediterráneo oriental o Mar Superior y los Zagros, y entre los montes Tauro y la península de Arabia. A esta geografía conectada con Mesopotamia se debe añadir también el litoral del golfo Pérsico, bañado por el llamado

Mar Inferior, donde las rutas marítimas llegaban hasta Dilmun, en Baréin, Magan, en Omán, e incluso hasta el valle del Indo. En definitiva, el dominio mesopotámico, o sirio-mesopotámico como prefieren denominarlo algunos, conforma un conjunto coherente situado en el punto de unión de los continentes africano, asiático y europeo, y en contacto con dos mares: el Mediterráneo y, a través del golfo Pérsico, el océano Índico.

Las antiguas civilizaciones mesopotámicas desarrollaron diversas técnicas para controlar las aguas de sus dos grandes ríos, ya que la prosperidad de sus ciudades dependía directamente de ello. El dominio del agua nació de la perentoria necesidad de irrigar para hacer productivos los campos y convertir la agricultura en la base de su economía, ante la carencia de importantes recursos naturales. La construcción de toda una red de canales permitió la creación de verdaderos ríos artificiales, que alimentaban tanto las tierras agrícolas como los centros urbanos. El Tigris y el Éufrates, aunque navegables en la mayor parte de su recorrido, tenían en su curso numerosos meandros que alargaban y dificultaban el remonte de los barcos tirados con cuerdas desde las orillas, en un país donde el uso de la vela fue muy limitado. De esta forma, los canales, que nacieron para conducir el agua necesaria para la agricultura, transformaron la cuenca mesopotámica en una compleja red de transporte fluvial. Un buen ejemplo es el caso de Mari, una ciudad ubicada en el Medio Éufrates sirio, que a comienzos del III milenio a. C. fue capaz de excavar un canal de navegación de ciento veinte kilómetros de longitud para asegurarse una comunicación directa y regular con el río Habur y, en particular, con los recursos mineros de Anatolia. Los artesanos del metal de Mari dependían de esta red fluvial de suministro.

Por estas vías acuáticas van a circular todo tipo de productos agrícolas y mercancías, pero sobre todo aquellas materias primas de las que carecían las ciudades de Mesopotamia, a saber: metales, piedras, madera, etc. De la importancia que alcanzó en Babilonia el tráfico fluvial se hace eco el Código del rey Hammurabi (1792-1750 a. C.) en varias de sus leyes, como por ejemplo la 237:

> Si un hombre contrata un barquero y un barco, y lo carga de cebada, lana, aceite, dátiles o el cargamento que sea, y ese marinero es descuidado y hunde el barco o deja que se pierda todo su contenido, el barquero restituirá el barco que ha hundido y todo el contenido que ha dejado que se pierda.

El barco más corriente en Mesopotamia era aquel capaz de transportar una carga de seis toneladas, aunque los hubo de mayor calado, que podían llegar hasta las noventa toneladas. Un modelo de barco de cerámica procedente de Eridu, importante ciudad de la Baja Mesopotamia, que data de finales del V milenio a. C., es la prueba más antigua conocida de transporte acuático en la región. Varias representaciones de embarcaciones navegando se conservan entre los relieves que decoraban los palacios asirios del I milenio antes de Cristo.

## UNA CIVILIZACIÓN IMPRESA SOBRE ARCILLA

Uno de los más importantes y revolucionarios inventos de la historia es sin duda el de la escritura, que fue el resultado de un largo proceso cuyos orígenes se remontan al Neolítico. En este período, los hombres utilizaban un sencillo sistema de contabilidad basado en el uso de pequeñas fichas de arcilla de formas diversas, en el que cada una de ellas se correspondía con un tipo de producto. En el IV milenio a. C. las formas de estas fichas son ya más complejas y variadas, y es frecuente que aparezcan reunidas dentro de una bola de arcilla, en cuya superficie encontramos marcas o sellos impresos que hacen referencia a una operación de contabilidad. Es posible que la escritura naciera de una simplificación de este sistema contable. La bola de arcilla habría sido sustituida por la tablilla sobre la que se empezaron a dibujar aquellas primitivas fichas. Esta hipótesis se basa en el hecho de que la forma de los signos de escritura más antiguos deriva directamente de la que tenían las fichas de contabilidad. Estos primeros signos escritos son realmente dibujos y, por esta razón, se les denomina pictogramas ('signos-imagen'). La mayor parte de estos primeros signos representaban una realidad fácilmente reconocible (un pez, una espiga, un pájaro, etc.).

La discusión entre egiptólogos y asiriólogos sobre la mayor o menor antigüedad de la escritura en el valle del Nilo o en el valle del Éufrates es un debate tan viejo como estéril. Tradicionalmente se sitúa hacia 3300-3200 a. C. la aparición, de manera casi simultánea pero independiente, de la escritura jeroglífica en Egipto y de la pictográfica en Mesopotamia. El templo más importante de la ciudad de Uruk, en el sur de la llanura mesopotámica, es el que ha proporcionado las tablillas más antiguas basadas en un sistema de escritura pictográfico. Se trata en su mayoría de textos contables, en los que se registran los productos, las cantidades, los movimientos (entradas y salidas) y los nombres de las personas que participaron en esa actividad económica. La identificación de la lengua transcrita en los pictogramas mesopotámicos, conocida también como proto-cuneiforme, sigue siendo origen

Tablilla de arcilla con signos pictográficos procedente de Uruk, en el sur de Irak, y fechada hacia el 3000 a. C. Se trata de un texto de contabilidad.

de debate entre los filólogos. A pesar de que los primeros textos proceden del antiguo territorio del país de Súmer, no hay ninguna seguridad de que se trate de la lengua sumeria, por lo que algunos investigadores prefieren hablar de otra lengua a la que llaman proto-eufrática. Por el contrario, otros especialistas consideran que detrás de esta primera escritura está el sumerio. Esta opinión es la que en el momento actual de la investigación cuenta con el mayor consenso.

43

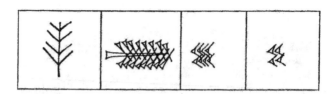

Evolución del signo mesopotámico para «cereal» desde el de tipo pictográfico (3200 a. C.) al cuneiforme de época neobabilónica (600 a. C.).

En el extremo final del IV milenio a. C., durante el llamado período de Uruk III, los signos pictográficos se alejan de los dibujos iniciales para adoptar una forma más esquemática. Algunos siglos más tarde, hacia 2600 a. C., las tablillas descubiertas en la ciudad de Shuruppak, no muy lejos de Uruk, muestran un tipo de signo que ya no ha sido trazado como un dibujo, sino que ha sido impreso a base de pequeños trazos rectilíneos con aspecto de cuña. Este cambio en el sistema gráfico es debido al uso del cálamo, un nuevo instrumento de caña cortado en bisel en uno de sus extremos. Nacía así la denominada escritura cuneiforme, a la que los sumerios llamaron santak ('triángulo'). Este sistema de escritura va a estar en uso durante casi tres milenios. El último documento en escritura cuneiforme se fecha en el año 75 después de Cristo.

El sistema de escritura cuneiforme ha servido para expresar diferentes lenguas en una amplia área geográfica, que abarca la mayor parte del Oriente Próximo antiguo. Los sumerios lo utilizaron para su lengua, que no está emparentada con ninguna familia lingüística conocida. Posteriormente, sirvió para el acadio, la lengua semítica más antigua de que tenemos noticia. Debido a sus dos mil quinientos años de historia, las variaciones lingüísticas del acadio son notorias.

Texto cuneiforme correspondiente a la *Epopeya de Gilgamesh*, el gran hombre que no quería morir. El texto, que está escrito en lengua acadia, fue encontrado en la biblioteca del rey asirio Asurbanipal (668-627 a. C.), en Nínive.

Las dos variaciones más evidentes están representadas por los dialectos del norte y del sur de Mesopotamia, es decir, el asirio y el babilonio respectivamente. El acadio se convirtió a mediados del II milenio a. C. en la lengua diplomática entre los distintos reinos de Oriente y Egipto. Cartas en lengua acadia han aparecido, por ejemplo, en los archivos de la ciudad egipcia de el-Amarna, que el faraón Ahenatón (1353-1335 a. C.) fundó junto al río Nilo. Los pueblos vecinos también utilizaron —y adaptaron— la escritura cuneiforme mesopotámica para sus lenguas. Este es el caso de la lengua indoeuropea de los hititas, en Anatolia, o del elamita y del antiguo persa, en Irán.

Los signos cuneiformes fueron adaptados a diferentes sistemas. Para la lengua sumeria la mayor parte de los signos tienen un valor ideográfico y representan una noción concreta o abstracta (signos-idea). En esencia cada ideograma representa una palabra. Esta escritura de ideas o palabras se revelará pronto como insuficiente para expresar la complejidad socio-cultural de Mesopotamia. La solución fue la elaboración de una escritura de sonidos o fonogramas, basada en el sistema de signos ya existente. Es decir, los signos cuneiformes siguieron siendo los mismos que antes, pero estos ya no se utilizaron por lo que representaban sino sólo por su sonido. Por ejemplo, el signo *ka*, 'boca' en sumerio, dejaba de significar tal cosa y sólo interesaba por su sonido o valor fonético (excepto cuando se usaba como logograma). Este cambio se hizo visible en la lengua acadia, donde cada signo correspondía a una sílaba (o silabograma), y la combinación de estas sílabas permitía escribir la totalidad de las palabras. Veamos un ejemplo: el signo *An* representaba el cielo, una estrella o un dios, pero al margen de este significado el mismo signo podía también ser usado como sílaba para formar parte de otra palabra. Un caso es el del sustantivo *antallu*, 'eclipse' en acadio, donde *an* no es más que un silabograma.

Finalmente, a partir del siglo XIV a. C. apareció, en la costa mediterránea oriental, el alfabeto cuneiforme. Uno de los más antiguos es el encontrado en la ciudad de Ugarit, cerca de la costa de Siria, que está formado por treinta letras (todas consonantes) frente a los aproximadamente doscientos signos silábicos de la lengua acadia.

La epopeya conocida como *Enmerkar y el señor de Aratta* atribuye a este rey semilegendario sumerio, Enmerkar, la genial invención de trazar unos signos sobre arcilla para comunicarse con el señor de Aratta, en Irán, ante el temor de que el mensajero no fuera capaz de reproducir fielmente su mensaje. La arcilla se convertirá, de hecho, en el soporte más común de la escritura cuneiforme mesopotámica hasta el final de sus días. Los valles del Tigris y del Éufrates suministraban el barro necesario tanto para la escritura como para la arquitectura, de ahí que los modernos historiadores se refieran a los imperios mesopotámicos como los «imperios de la arcilla». La Babilonia del I milenio a. C. es el mejor ejemplo de ello: una espectacular metrópoli construida sólo con ladrillo y adobe, que ha legado a la posteridad miles de textos de arcilla donde se recoge la enorme herencia científico-cultural de Mesopotamia.

La larga aventura de los mesopotámicos llegará a su fin con la conquista por los persas en el 539 a. C. y, posteriormente, en el 331 a. C., con la ocupación de la región por parte de las tropas de Alejandro Magno. Pero el recuerdo y la reputación de Mesopotamia seguían vivos. Prueba de ello, es el hecho de que el gran conquistador macedonio, consciente del prestigio de una ciudad como Babilonia, proyectó convertir a la metrópoli mesopotámica en la capital de su vasto imperio.

Desde hace más de un siglo y medio, arqueólogos y asiriólogos trabajan para reconstruir la historia de la antigua Mesopotamia. La Biblia y los autores grecorromanos fueron los transmisores en Occidente de un lejano recuerdo de lo mesopotámico que, sin embargo, fue suficiente para ayudar a los estudiosos europeos de los siglos XIX y XX a redescubrir, en las tierras del Tigris y del Éufrates, los remotos orígenes de su propia civilización.

# 1

# Érase una vez Babilonia

Babilonia se convirtió a mediados del I milenio a. C. en el corazón espiritual e intelectual de la antigua Mesopotamia, brillando como un faro sobre el orbe civilizado. Era el centro cósmico, el símbolo de la armonía del mundo que había nacido de la pujanza de su divinidad suprema, el dios Marduk, tras vencer a las fuerzas del caos. El prestigio de Babilonia era incomparable a los ojos de sus contemporáneos. De hecho, ninguna ciudad de la Antigüedad fue tan deseada y temida, admirada y deshonrada, devastada y reconstruida como esta. Los soberanos más carismáticos quisieron dominarla con la idea de dejar impresa su huella, bien embelleciéndola aún más, como fue el caso de Alejandro Magno entre los años 331 y 323 a. C., bien destruyéndola, como hizo el asirio Senaquerib en el 689 antes de Cristo.

A finales del siglo XIX, Babilonia sólo era conocida por el relato bíblico y por el de los autores clásicos, que habían mantenido vivo su recuerdo en la cultura occidental. Estas fuentes extranjeras amplificaron su reputación al transformar su historia en leyenda. A ello ayudaron también las descripciones de algunos viajeros y exploradores europeos de época moderna. En sus descripciones Babilonia constituía el símbolo de la desmesura, de la opulencia, del lujo, de la monumentalidad y de la soberbia. Había nacido el mito de Babilonia. Sólo a partir del año 1899, la arqueología consiguió situar a Babilonia en un plano real, en el plano de la historia. La mayor parte de los restos arqueológicos que conocemos en la actualidad pertenecen a la ciudad construida en tiempos del rey Nabucodonosor II (605-562 a. C.), para quien entre todos los lugares habitados no existía ninguno tan hermoso como Babilonia. El reinado de este monarca cuenta entre sus principales logros con la transformación de la metrópoli mesopotámica en una de las más célebres de la Antigüedad, gracias a su activa política de embellecimiento urbano.

## LA ARQUEOLOGÍA ALEMANA Y EL SUEÑO BABILÓNICO

Desde la Edad Media y durante toda la Edad Moderna, el hombre europeo soñó con encontrar la Babilonia bíblica. Fueron muchos los viajeros que entre los siglos XII y XVIII recorrieron el Oriente a la búsqueda de la célebre Torre de Babel, el monumento de ladrillo y asfalto cuya cúspide llegaba hasta el cielo según el Génesis.

Si, como hemos visto, la historia de Mesopotamia había despertado de su olvido milenario a través de la civilización de los asirios, Europa tendría que esperar aún medio siglo más para poder ver con sus propios ojos aquella otra que había sido creada por los babilonios junto al río Éufrates. No será hasta el siglo XIX cuando se inicien los primeros estudios sistemáticos de las ruinas babilónicas. Entre 1852 y 1877 la expedición científica francesa en Mesopotamia y el Museo Británico realizaron, por separado, las primeras excavaciones en el enorme campo de ruinas de la antigua Babilonia. A excepción de la realización del primer plano detallado de la ciudad y de la recuperación de algunos objetos, estos trabajos pasaron casi desapercibidos, ante la espectacularidad de los tesoros que estaba proporcionando en aquel momento la excavación de los palacios asirios del norte de Mesopotamia.

El renacer de Babilonia se producirá algunos años más tarde, con la aparición en escena de Alemania. En 1871, al proclamarse el Imperio alemán se crearon las condiciones necesarias para poder rivalizar con las otras potencias europeas de la época. El prestigio que conocía por aquellos años la arqueología de Oriente ofrecía una magnífica oportunidad para Alemania. Así, entre 1887 y 1897, a petición de los museos prusianos, Robert Koldewey, el futuro descubridor de Babilonia, puso en marcha la primera expedición germana en Mesopotamia. El objetivo era el de buscar eventuales ruinas arqueológicas donde poder excavar. Dado que los yacimientos del norte estaban controlados por Francia y Gran Bretaña, Koldewey se dirigió al sur, donde visitó numerosos montículos de ruinas que podían ser adecuados para su futuro proyecto de excavación. Finalmente, la elección recayó sobre Babilonia, que se convertiría así en la sede de las excavaciones promovidas por los museos de Berlín. Babilonia ya había sido visitada y explorada parcialmente por otros antes que él. Sin embargo, nadie hasta esa fecha se había atrevido a excavar de forma prolongada en ese vastísimo campo arqueológico.

Los trabajos de Robert Koldewey, el excavador de Babilonia
entre 1899 y 1917, supusieron un hito dentro de la
arqueología mesopotámica por su rigor científico.

Poco después, en 1898, se fundó la Sociedad Alemana para Oriente, cuyo objetivo era el de recaudar fondos para las excavaciones de Babilonia. Las sumas reunidas se añadieron a las subvenciones públicas prusianas, así como al apoyo financiero acordado, a título personal, con el emperador Guillermo II. Babilonia era una cuestión de Estado. Según nos relata el propio Koldewey:

> [...] las excavaciones comenzaron el 26 de marzo de 1899 desde la parte este del Qars hasta el norte de la Puerta de Ishtar. En mi primera visita a Babilonia, el 3-4 de junio de 1887, y nuevamente en mi segunda visita, en el 29-31 de diciembre de 1897, vi numerosos fragmentos de ladrillos en relieve esmaltados, de los que llevé algunos conmigo a Berlín. La peculiar belleza de estos fragmentos y su importancia para la historia del arte fue debidamente reconocida por su Excelencia R. Schöne, que era entonces el director general de los Museos Reales, y fortaleció nuestra decisión de excavar la capital del Imperio de Babilonia.

Babilonia, situada a noventa kilómetros al sur de Bagdad, no era un yacimiento cualquiera, sino un lugar cargado de un fuerte simbolismo para la tradición judeo-cristiana. Era la ciudad del cautiverio sufrido por el pueblo judío y el símbolo del orgullo de los hombres, que culminó con la célebre confusión de lenguas. Parece que detrás de la expedición alemana se escondía el deseo de conocer la verdad de un lugar lleno de símbolos, verdad que sólo podría llegar a través de la investigación científica. Las excavaciones alemanas demostraron, por ejemplo, la veracidad histórica de la Torre de Babel, que en realidad era un

Babilonia fue una ciudad construida solamente con ladrillos y adobes, de ahí que se la conozca como la «metrópoli de arcilla».

enorme monumento escalonado llamado *zigurat* por los habitantes de Mesopotamia.

La excavación de Babilonia fue una gran empresa, cuyas cifras dan muestra de su envergadura. Los trabajos se prolongaron hasta el 5 de marzo 1917, fecha en la que Koldewey se vio obligado a abandonar su trabajo como consecuencia de la Primera Guerra Mundial. ¡Nada menos que dieciocho años de excavaciones prácticamente ininterrumpidas! Teniendo en cuenta la extensión de las ruinas, que abarcaban una superficie de 375 hectáreas (más de cuatrocientos campos de fútbol), el mayor obstáculo que hubo de superar era el de extraer y evacuar el considerable volumen de tierra que ocultaba las ruinas arqueológicas. Para esta tarea se llegaron a contratar hasta doscientos cincuenta hombres, que trabajaban una media de diez horas diarias en verano y cerca de la mitad en invierno. Para facilitar el transporte de los escombros se utilizó un sistema de raíles y vagonetas, muy útil para retirar rápidamente las toneladas de desechos extraídas por los obreros, sobre todo en aquellas zonas donde la excavación llegó a alcanzar una profundidad superior a los veinte metros.

También es digno de resaltar que Koldewey, en contra de lo visto en las excavaciones de Asiria, donde lo que primaba era la caza de tesoros artísticos, no se planteó como objetivo la simple búsqueda de objetos sino la reconstrucción de una visión general de la ciudad de Babilonia. No se puede ignorar que Koldewey estudió arquitectura, arqueología e historia antigua en Berlín, Munich y Viena, a diferencia de los diplomáticos que le habían antecedido en las excavaciones de Asiria. Gracias al uso de un riguroso método de excavación para la época, basado en un registro meticuloso de los trabajos (planos, dibujos, croquis, diarios,

La Puerta de Ishtar, diosa mesopotámica del amor y de la guerra, era la más espectacular de las ocho que daban acceso a la ciudad de Babilonia.

inventario de hallazgos, cuadernos de medidas, fotografías, etc.), el arquitecto alemán sacó a la luz la ciudad del I milenio a. C. Se trataba de la Babilonia fundada y embellecida en tiempos del rey Nabucodonosor II (605-562 a. C.).

Entre 1899 y 1914 el equipo de Koldewey sacó a la luz uno de los monumentos más emblemáticos de

Babilonia, la Puerta de la diosa Ishtar y la gran Vía Procesional que la antecedía. La espectacular decoración de ladrillos esmaltados de ambas construcciones fue almacenada en cientos de cajones de madera hasta que, finalmente, en 1926 viajó hasta Berlín. El escultor Willi Struck, con la colaboración de seis ayudantes, llevó a cabo la compleja tarea de clasificación y reconstrucción de los miles de fragmentos de ladrillo llegados desde Babilonia. En 1929 comenzó la reconstrucción de la Vía Procesional y de la Puerta de Ishtar en la parte central del Museo del Próximo Oriente berlinés. Unos años más tarde, una parte de la ciudad de Babilonia pudo ser contemplada en el corazón de Europa. Alemania había cumplido su sueño babilónico.

## Babilonia desde la Primera Guerra Mundial hasta hoy

Tras la descomposición del Imperio turco-otomano, una vez finalizada la Primera Guerra Mundial, se modificó el equilibrio entre las naciones europeas, que en el Próximo Oriente tuvo como consecuencia la creación de los protectorados franco-británicos. La tutela de Francia y Gran Bretaña en Siria e Irak, respectivamente, cambió las condiciones del trabajo arqueológico en la región. En este contexto aparece la figura de Gertrude Bell, la «Lawrence de Arabia femenina», oficial de la administración británica que, apoyada por Winston Churchill, se ocupó de dirigir en la sombra los asuntos iraquíes. Como apasionada de la arqueología mesopotámica, organizó y dirigió el Departamento de Antigüedades del nuevo país y fundó el Museo de Bagdad en 1926. La independencia de Irak, en 1932, dio origen a un endurecimiento de la legislación en materia de arqueología. Se suprimió el reparto de objetos, que pasaron a ser propiedad exclusiva del estado iraquí.

El abandono precipitado de las excavaciones por parte de Koldewey, en 1917, dejó muchos interrogantes sin responder sobre Babilonia. Tras el obligado parón de la Segunda Guerra Mundial, el Instituto Arqueológico Alemán retomaría la investigación arqueológica en la capital babilónica entre 1962 y 1973. El trabajo se centró en el estudio pormenorizado del núcleo del zigurat, la bíblica Torre de Babel. La etapa de las grandes excavaciones había terminado. Por aquellos años, el Instituto Italiano-Iraquí de Arqueología de Bagdad puso en marcha un ambicioso proyecto de restauración y revalorización del yacimiento de Babilonia con el objetivo de retrasar la degradación de los restos excavados por Koldewey. Se observó un deterioro imparable de los restos arquitectónicos de ladrillo y adobe, que estaba provocado por la erosión y la subida del nivel de la capa freática.

Finalmente, a comienzos de los años ochenta las autoridades iraquíes emprendieron la monumental empresa de reconstruir la ciudad según un megaproyecto auspiciado por Sadam Husein. De acuerdo con las viejas tradiciones mesopotámicas, el dictador iraquí, como si de un nuevo rey de Babilonia se tratara, llevó a cabo la reconstrucción de los principales edificios de la ciudad, llegando incluso a construir un nuevo palacio. Sadam Husein se consideraba un nuevo rey de Babilonia. Para esta colosal obra de restitución, realizada al más puro estilo *hollywoodiense*, mandó fabricar miles de ladrillos en los que imprimió su nombre, a imitación de que lo había hecho dos mil quinientos años atrás el rey Nabucodonosor II.

El palacio del rey Nabucodonosor II en Babilonia, donde
moriría en el 323 a. C. Alejandro Magno, fue reconstruido
bajo la presidencia de Sadam Husein. Esta reconstrucción
ha recibido muchas críticas por parte de los especialistas en
arquitectura mesopotámica.

Esta controvertida reconstrucción de Babilonia ha enmascarado gran parte de los vestigios originales, creando una «nueva Babilonia» a costa de la antigua ciudad. Esta circunstancia ha provocado que la Organización de las Naciones Unidas para la Educación, la Ciencia y la Cultura (Unesco) no incluyera a Babilonia en su lista de monumentos Patrimonio de la Humanidad, mérito que se merece sobradamente. La protección por dicho organismo internacional habría evitado con toda probabilidad los daños que ha sufrido Babilonia en los últimos años. En 2003, a raíz de la Segunda Guerra del Golfo y de la posterior invasión del país, Babilonia se transformó en un campamento militar de ciento cincuenta hectáreas. Este hecho injustificable ha provocado daños irreparables en el yacimiento.

Hoy, el gobierno iraquí en colaboración con instituciones extranjeras intenta proteger y recuperar el pasado histórico que tan célebre hizo a Babilonia en la Antigüedad. Sin embargo, a pesar de estos esfuerzos nacionales e internacionales, el patrimonio arqueológico de la antigua Mesopotamia está siendo destruido y saqueado a un ritmo nunca conocido. Lamentablemente, en los mercados de antigüedades de Europa y de Estados Unidos circulan numerosos objetos (tablillas cuneiformes, sellos cilíndricos, esculturas, etc.) llegados ilegalmente desde el país árabe. Para muchos iraquíes esta expoliación del patrimonio cultural es su única fuente de ingreso, apenas un puñado de dólares, con la que sobrevivir en un país aún inestable políticamente. La verdadera especulación se produce, como es obvio, con la subasta final de los objetos en los mercados occidentales. Es duro reconocer que el día en que los arqueólogos puedan volver a trabajar con normalidad en Irak, en muchos casos sólo servirá para certificar la muerte de lo que fue la cuna de la civilización.

## Textos para la historia de Babilonia

Los textos antiguos sobre Babilonia son numerosos y diversos, pero se pueden organizar en dos grupos, a saber: fuentes externas (clásicas y bíblicas) y fuentes propiamente babilónicas (cuneiformes). El objetivo no es presentar, a continuación, una recopilación exhaustiva y pormenorizada de todas las fuentes escritas sobre Babilonia. Eso excedería los objetivos del presente libro. Aquí sólo se comentará una cuidada selección de ellas.

### Babilonia vista por los clásicos

Los autores clásicos, griegos y latinos, son todos posteriores a la civilización babilónica. Por ejemplo, el historiador griego Heródoto, el autor más próximo en el tiempo a la Babilonia del rey Nabucodonosor II, escribió sobre la ciudad mesopotámica casi un siglo después de la conquista de esta por los persas. Por ello, él y otros autores posteriores, nos describen una Babilonia de leyenda, donde lo histórico aparece con frecuencia deformado o mutilado. Es decir, no resulta fácil hacer un uso históricamente adecuado de los textos clásicos, ya que en ocasiones es difícil verificar la exactitud de los datos aportados. Sin embargo, no debemos menospreciar su interés para el estudio de Babilonia, dado que algunos de estos autores viajaron –con toda probabilidad– por la geografía mesopotámica.

La percepción que los griegos de los siglos VIII y VII a. C. tenían del mundo próximo-oriental era vaga, a pesar de que durante su expansión colonial por el Mediterráneo oriental fundaron varios enclaves donde entablaron relación con pueblos como el fenicio.

Cuando, unos siglos después, los griegos entraron realmente en contacto con Oriente, los grandes imperios mesopotámicos habían desaparecido. Asiria y Babilonia ya no existían. Los persas y posteriormente Alejandro Magno y sus sucesores, habían levantado sobre sus ruinas una nueva entidad política.

Heródoto de Halicarnaso (485-420 a. C.) fue el primer historiador griego que nos dejó un relato de interés sobre Babilonia, casi cien años después de ser tomada por el rey persa Ciro, en el 539 a. C. En sus *Historias* nos describe los pueblos que fue anexionándose Persia en su proceso de expansión imperial. Persia era el gran enemigo de Grecia por aquellas fechas. Entre ambos pueblos se encontraban los babilonios, de cuyas costumbres y capital nos ofrece una interesante descripción. No hay, sin embargo, unanimidad entre los estudiosos sobre si esta descripción fue el fruto de una experiencia personal o, por el contrario, fue el resultado de información de segunda mano transmitida vía oral. Resulta difícil afirmar de forma categórica si Heródoto visitó o no Babilonia hacia el año 450 a. C., justo antes de viajar a Egipto y Fenicia. No obstante, los datos disponibles sugieren que su testimonio sobre la capital mesopotámica es de primera mano, puesto que sus observaciones son en general justas. A pesar de ello, da la impresión de que el viajero griego se contentó con la información que le proporcionó algún guía, intérprete o habitante de la ciudad, puesto que él habla, por ejemplo, de una longitud total de cuatrocientos ochenta estadios (es decir, de ¡85,24 km!) para sus célebres murallas. Es evidente que Heródoto no verificó experimentalmente las cifras que nos ofrece en su relato. Las murallas, los palacios y los templos que nos describe no eran ya los de la capital de los grandes monarcas babilónicos, sino los de una ciudad en decadencia bajo el dominio persa. Si suponemos que el historiador griego visitó Babilonia en torno al año 450 a. C., la ciudad que realmente nos describe fue aquella que se encontraba bajo el gobierno del rey Artajerjes I (465-424 a. C.).

Pese a estas críticas, el libro primero de Heródoto es, sin lugar a dudas, la mejor fuente clásica en lo referente a Babilonia. De ella, nos dice que tenía una planta cuadrangular dividida en dos sectores por el río Éufrates y nos ilustra con exquisita minuciosidad sobre las técnicas arquitectónicas utilizadas en diversas construcciones: las murallas, el foso o la torre escalonada de ocho pisos. La obra de Heródoto nos ofrece también comentarios acerca de las costumbres, sobre todo religiosas, de los babilonios que, sin dejar de ser interesantes, están influidas por esa tendencia griega a juzgar otras culturas de acuerdo con su grado de desviación respecto a la conducta social genuinamente helena. El objetivo era demostrar las divergencias existentes entre las costumbres de las comunidades extranjeras y las prácticas comunes entre los griegos. Al margen de su helenocentrismo, lo importante de Heródoto es el reconocimiento del valor histórico de Babilonia que hace en su obra.

En los años siguientes a la Guerra del Peloponeso, que entre el 431 y el 404 a. C. enfrentó a Esparta y Atenas, aumentó en el mundo griego el interés por el imperio de los persas aqueménidas. En este ambiente hay que insertar la *Historia de Persia* escrita por Ctesias de Cnido, un médico de la corte del rey persa Artajerjes II (405-359 a. C.). La obra de Ctesias, donde lo legendario se mezcla con lo histórico con excesiva frecuencia, no nos ha llegado de forma directa, sino citada por otros autores posteriores. Entre ellos destaca Diodoro de Sicilia, un griego romanizado que vivió en tiempos de Julio César y de Augusto. El libro segundo de su *Biblioteca Histórica*, que dedicó a la historia de Asia, se basa fundamentalmente en los escritos de Ctesias, que debió de manejar de forma directa. Describió los principales monumentos de la ciudad (las murallas, el palacio, los templos y los jardines), pero su relato muestra algunas confusiones entre Nínive, la capital asiria del Tigris, y Babilonia.

De interés son los escritos de Beroso, sacerdote del dios Marduk en Babilonia en el siglo III a. C., que escribió en griego una historia de su país en honor del rey helenístico Antíoco I (280-261 a. C.). Pero de esta obra, llamada *Babyloniaka*, sólo nos han llegado algunos fragmentos recogidos por otros autores judíos y cristianos, como Flavio Josefo (s. I d. C.) o Eusebio de Cesarea (s. IV d. C.), interesados en los eventos de la historia babilónica vinculados con la tradición bíblica (el diluvio, el exilio, el rey Nabucodonosor II, etc.). La obra debía de ser útil para conocer la historia de la gran urbe mesopotámica pues, como confiesa el propio Beroso en uno de los fragmentos conservados, manejó las crónicas babilónicas escritas en cuneiforme donde se relataban los principales acontecimientos de cada reinado. El sacerdote nos proporciona una lista de los reyes asirios, babilónicos y persas que habían reinado en Babilonia hasta la llegada de Alejandro Magno en el 331 a. C. Sin embargo, la fiabilidad de su relato se va diluyendo conforme retrocedemos en el tiempo. Prueba de ello es la enumeración de diez monarcas prediluvianos que reinaron en Babilonia durante la increíble cifra de ¡432.000 años! Beroso nos informa también sobre el rey Nabucodonosor II y las grandes obras que llevó a cabo en la ciudad, a saber: la decoración de los templos, la construcción de tres murallas de ladrillo, la ornamentación de las puertas, la edificación de un nuevo palacio (¡en sólo quince días!) y la finalización de los célebres Jardines Colgantes.

La leyenda de Babilonia se fue transmitiendo de generación en generación, una circunstancia que se vio alimentada por el uso de fuentes de información de segunda y tercera mano. Las fuentes helenísticas, que conocieron ya una Babilonia decadente, difundieron la imagen de una ciudad grandiosa por sus murallas y sus Jardines Colgantes, que formaban parte de las Siete Maravillas del mundo antiguo. De ellas nos habla el geógrafo griego Estrabón (54 a. C.-25 d. C.) en su magna obra *Geografía*. A pesar de que nunca visitó Mesopotamia, el libro XVI de su trabajo tiene algunos datos de interés, y no pocas imprecisiones, sobre los Jardines Colgantes, el zigurat y las murallas de Babilonia, por las que en su opinión podían circular hasta cuatro carros.

Los relatos sobre la grandiosidad de la ciudad de Babilonia son frecuentes entre los autores de la época romana. Tal era la fascinación que aún despertaba Babilonia, siglos después de la conquista de la ciudad, que Quinto Curcio (s. I d. C.) nos ofrece una detallada descripción, basada en otras fuentes más antiguas, de sus murallas, de sus Jardines Colgantes y de su puente sobre el Éufrates. El autor no se contenta con describir la ciudad, sino que también nos informa sobre las costumbres de sus habitantes, que a su juicio son origen de pasiones desordenadas y de corrupción.

Dignos son también de mención los escritos sobre la geografía física del país mesopotámico de Plinio el Viejo (23-79 d.C.), incluidos en su *Historia Natural*. El naturalista romano conoció de cerca el Próximo Oriente, ya que visitó Judea con los ejércitos de Nerón y en el año 68 d. C. fue nombrado subgobernador de la provincia de Siria. En su relato sobre

Mesopotamia, Plinio se detiene en Babilonia, la capital de las «naciones caldaicas» en sus palabras, que ya estaba deshabitada. A pesar de ello, el autor nos habla de sus murallas y de su templo escalonado, que por aquel tiempo formaban parte de un gran campo de ruinas. A Claudio Tolomeo, un griego de la Alejandría del siglo II d. C., se debe una de las mejores descripciones geográficas de Asiria y de Babilonia, de sus ciudades, de sus ríos, de sus montañas, etc., cuya posición se indica en grados y minutos. A este astrónomo y matemático alejandrino debemos también la confección de una lista de reyes donde se enumeran los soberanos babilónicos y persas entre Nabu-nasir y Alejandro Magno, es decir, entre los años 747 y 336 a. C. Esta lista de reyes, conocida como el *Canon de Tolomeo*, además de facilitar la duración de los reinados nos proporciona datos sobre observaciones astronómicas. La coincidencia de los datos de Tolomeo con las listas reales asirias es asombrosa y prueba que el autor consultó fuentes mesopotámicas.

Gracias a todos estos autores de época clásica, y a otros no citados aquí (como Arriano, Amiano Marcelino, Eusebio de Cesarea, Clemente de Alejandría, etc.), la fama de la ciudad de Babilonia, levantada por el rey Nabucodonosor II, ha perdurado a lo largo del tiempo. Sus relatos han contribuido a que la memoria de aquella, en gran medida mitificada y distorsionada, haya sobrevivido hasta nuestros días.

## Babilonia y la Biblia

Si existe un texto que ha contribuido a universalizar e inmortalizar el nombre de Babilonia ése es el del Antiguo Testamento y, en particular, el episodio del Génesis referido a la Torre de Babel. ¿Quién no ha oído hablar de la Torre de Babel y de la célebre confusión de lenguas? En la actualidad, no hay dudas sobre la identificación de la Babel bíblica con la Babilonia mesopotámica. El nombre bíblico de Babel proviene, de hecho, de su nombre original *Babilu*, que para los babilonios significaba 'puerta divina' en su propia lengua. Por tanto, la etimología que nos da el autor del Génesis sobre el nombre propio Babel, que relaciona con la raíz hebrea ('confundir' o 'mezclar'), no es correcta. Babel no es, por consiguiente, la metrópoli de la confusión como nos ha transmitido la tradición bíblica.

El Antiguo Testamento es una fuente complementaria que nos permite asomarnos de algún modo a la política imperial babilónica del siglo VI a. C., poco documentada si no fuera por esta obra. Para conocer las relaciones entre Jerusalén y Babilonia son claves los libros históricos y proféticos de la Biblia, a saber: el Libro Segundo de los Reyes y las Crónicas, así como los Libros de los profetas Jeremías y Ezequiel. Sus escritos se centran esencialmente en el tema de la deportación de los hebreos a Babilonia, realizada por Nabucodonosor II tras la toma y posterior destrucción de la ciudad de Jerusalén, entre los años 597 y 587 antes de Cristo.

El monarca Nabucodonosor II deportó a Babilonia a la élite política e intelectual del reino de Judá, que se oponía a su hegemonía en la región. Entre los deportados se encontraban el rey Joaquín y el profeta Ezequiel, además de siete mil soldados y mil herreros, según la narración bíblica. El nombre de Joaquín, rey de Judá entre el 598 y el 597 a. C., aparece en una tablilla cuneiforme hallada en el palacio de Babilonia. El texto babilónico enumera las cantidades de trigo, dátiles y aceite entregadas mensualmente a prisioneros y extranjeros en el año 592 a. C. El rey Joaquín y su familia aparecen en esas listas de distribución de alimentos, por lo que en este caso la historicidad del relato bíblico queda probada. Por estas mismas fechas, debían de haber concluido ya las grandes obras de construcción de la gran torre escalonada de Babilonia, a la que se refiere el libro del Génesis como Torre de Babel y que el pueblo de Judá conocería durante su destierro en la ciudad.

Deutero-Isaías, que predicó en Babilonia en las postrimerías del exilio, describió en su libro el retorno del pueblo hebreo a la Tierra Prometida como si de un segundo éxodo se tratase. Isaías era consciente de la crítica situación política que vivía Babilonia, por lo que estaba pendiente de su inminente caída. Consideraba al persa Ciro como el gobernante ungido por Yahveh, que devolvería a los desterrados a su tierra natal gracias a su victoria, por mandato divino, sobre Babilonia. Este hecho tendrá lugar en el año 539 a. C. En resumen, Isaías nos relata, en forma de profecías, la caída de Babilonia, el retorno de los exiliados y la restauración de Jerusalén, que él interpretaba como el fruto de la misericordia divina tras haber pagado el pueblo por sus pecados.

En los relatos bíblicos más recientes es frecuente que lo histórico se mezcle, a veces de forma deliberada, con elementos legendarios que pretenden presentar a Babilonia como el modelo de la idolatría y la desmesura. Un buen ejemplo es el libro de Daniel, escrito probablemente en tiempos del rey helenístico Antíoco IV (174-164 a. C.). Se basa en tradiciones más antiguas, que en no pocas ocasiones están deformadas. De hecho, en su relato atribuye a Nabucodonosor actos que parece más lógico asignar a Nabonido (556-539 a. C.), último y excéntrico rey babilónico que se retiró al desierto de Arabia. Destaca, por ejemplo, la historia del festín de Baltasar, que era hijo de Nabonido. En este banquete los invitados alabaron a sus dioses de oro, plata, bronce, hierro, madera y piedra y no al «Rey del cielo». A causa de esta idolatría, Daniel vaticinó la caída de Babilonia y Baltasar murió asesinado esa misma noche.

En definitiva, se puede concluir que la Biblia es un texto religioso con evidente interés para la etapa final de la historia de Babilonia, a lo largo del siglo VI a. C. Lo importante es no perder el objetivo como historiadores, es decir, descubrir el trasfondo histórico que encierran los libros bíblicos y no pretender demostrar la veracidad histórica de cada una de las afirmaciones recogidas en las Sagradas Escrituras. El moderno historiador no puede obviar que la Biblia es un texto sagrado y que, por tanto, entre sus objetivos no debe estar el de probar históricamente su contenido.

## Los textos cuneiformes

Los historiadores de la Antigüedad mesopotámica trabajan con un tipo de textos muy particular, los llamados documentos cuneiformes. Se trata de fuentes epigráficas, esto es, textos escritos sobre un soporte rígido como la piedra, el metal o la arcilla. Sobre este último material fueron escritos la inmensa mayoría de los textos mesopotámicos, que los historiadores de hoy denominan «tablillas cuneiformes». Este tipo de documentación lleva asociados una serie de problemas y dificultades, que no debemos ignorar, ya que afectan a nuestro desigual conocimiento de la historia de Mesopotamia. En primer lugar, hay que señalar que el número de tablillas recuperadas en el país del Tigris y del Éufrates desde 1843, hoy repartidas entre varios museos y colecciones privadas, es incalculable. En dieciocho años de excavación, Koldewey extrajo de Babilonia más de cinco mil tablillas cuneiformes. Esta cifra aumenta de forma progresiva al ritmo de las excavaciones en los yacimientos arqueológicos del país mesopotámico. A ello se debe añadir que muchas de esas tablillas están aún sin estudiar, debido en gran medida a que se trata de una labor de lectura minuciosa y difícil, que en muchos casos se ve complicada por el mal estado de conservación en el que nos han llegado estos textos de arcilla sin cocer.

Otro problema importante se debe al hecho de que la distribución de los textos dentro de la geografía y la cronología de Mesopotamia es muy irregular. Está a merced del azar de las excavaciones arqueológicas, que en muchos casos no son el resultado de una planificación científica sino de circunstancias ajenas a la ciencia. Por ejemplo, la construcción de varios pantanos en Irak y Siria, motivada por el desarrollo que vivieron ambos países árabes en el pasado siglo, dio lugar al nacimiento de varios proyectos internacionales para salvar un patrimonio amenazado por las aguas. Eso ha hecho que conozcamos muy bien determinadas regiones de la geografía mesopotámica frente a otras que, por varias causas, han quedado marginadas y olvidadas por la arqueología. Por esta y otras razones, tenemos un conocimiento desigual de las antiguas civilizaciones mesopotámicas. Es muy probable que el moderno historiador esté sobrevalorando de forma inconsciente la importancia de ciertas etapas y territorios de Mesopotamia, ya que su trabajo está condicionado por el reparto heterogéneo (a lo largo de casi tres mil años de historia) de la información textual.

Se debe tener presente, además, que los textos cuneiformes fueron generados por la Administración y el Estado. Se trata por tanto, de una visión de los hechos que es la visión del poder central, es decir, de la monarquía. Esta es una limitación de la documentación que no podemos perder de vista. Así, por ejemplo, la religión mesopotámica que estudian los especialistas de hoy es en realidad la religión oficial de un determinado reino o imperio. Los textos poco o nada nos dicen de la religión popular.

Ante esta delicada situación, el buen historiador debe aspirar a utilizar de forma conjunta y contrastada las fuentes escritas y los datos arqueológicos. Sin embargo, este objetivo no está exento tampoco de dificultades. Con mucha frecuencia, las tablillas cuneiformes hablan de objetos que el arqueólogo no encuentra en sus excavaciones y a la inversa, los textos callan sobre muchas realidades sacadas a la luz por la arqueología. Con todo, la búsqueda de la complementariedad entre la documentación escrita y la no escrita debe ser el objetivo.

Las fuentes escritas babilónicas pueden organizarse en varias categorías, esto es: las crónicas, en las que se enumeran año por año los hechos más destacados; los textos conmemorativos, como las inscripciones reales (grabadas generalmente en estelas de piedra para rememorar algún acontecimiento relevante, como una victoria militar) o los depósitos de fundación (ladrillos o cilindros de arcilla que recuerdan la construcción o restauración de un monumento); los textos topográficos, donde se describen los principales monumentos de la ciudad; los textos literarios, composiciones de marcado carácter religioso; los textos científicos, documentos de evidente utilidad para conocer la sabiduría mesopotámica; los textos escolares, resultado del aprendizaje del oficio de escriba (gracias a esta actividad se han conservado copias de inscripciones hoy perdidas); y por último, los documentos de archivo, es decir, textos administrativos, cartas y textos jurídicos (como los contratos) procedentes de los palacios, los templos y, en menor grado, de particulares. La documentación de archivos y bibliotecas constituye el grupo numéricamente más importante.

A lo largo de la dilatada historia de Babilonia, que comprende un milenio y medio, la distribución de los textos cuneiformes es muy desigual tanto por períodos como por temática. La excavación de la ciudad de Babilonia ha aportado pocos textos anteriores al llamado período Neobabilónico (626-539 a. C.), debido a que la elevada altura de la capa freática impide a los arqueólogos alcanzar los niveles más antiguos, como los de la época del rey Hammurabi (1792-1750 a. C.). De hecho, la inscripción monumental más conocida de este monarca, su famoso Código, no fue encontrada por la arqueología francesa ni en Babilonia ni en su imperio sino en Susa, en lo que hoy es Irán, donde llegó en el siglo XII a. C. como trofeo de guerra.

De igual manera, la documentación escrita sobre la Babilonia anterior a mediados del siglo XIV a. C. es muy escasa. Paradójicamente esta laguna documental no responde a una realidad política. La fuente más importante para comprender el poderío de Babilonia en este período no procede de Mesopotamia, sino de Egipto. Nos referimos a la colección de cartas en acadio, halladas en el yacimiento de el-Amarna, que son el fruto de la correspondencia mantenida entre los reyes de Oriente Próximo, entre ellos los de Babilonia, y la corte del faraón Ahenatón (1353-1335 a. C.). Por el contrario, la etapa comprendida entre finales del siglo VII a. C. y la conquista persa del año 539 a. C. es la que mejor documentada está de la historia de Babilonia. Las numerosas inscripciones reales, las crónicas y los archivos hallados dan fe de ello.

## CRONOLOGÍA DE UNA HISTORIA COMPLEJA

La primera mención escrita sobre Babilonia se remonta a la época de Shar-kalli-sharri (2217-2193 a. C.), el último rey del Imperio de Acad. Sin embargo, nada sabemos sobre la historia de la ciudad en esta época, aquella en que debió de ser fundada. Babilonia no adquirirá relevancia política hasta tres siglos después, con la llegada al trono de la que conocemos como la primera dinastía babilónica y, en particular, de su sexto monarca, el gran Hammurabi.

Por convención, la historia de Babilonia se suele encuadrar entre la fundación de su primera dinastía, por el monarca Sumuabum en el 1894 a. C., y la conquista de la ciudad por los persas en el 539 a. C. El historiador se encuentra ante un largo período histórico de más de mil trescientos años, al que se debe añadir además un prólogo entre finales del III y comienzos de II milenio a. C., del que no conocemos prácticamente nada, y un epílogo de más de cuatrocientos años representado por la Babilonia persa, macedónica y helenística.

Cualquier división que se haga de la compleja historia babilónica no es ajena a dificultades ni a cierta artificiosidad. Por esta razón, no es extraño que entre los modernos historiadores haya algunas diferencias a la hora de estructurar, por las lagunas que existen en la documentación, este período clave de la historia de Mesopotamia. Estos problemas se hacen especialmente visibles en los comienzos del I milenio a. C., ya que de en ellos apenas recordamos los nombres de algunos reyes y de forma aproximada la duración de sus reinados. Pero la mayor dificultad surge cuando se intenta relacionar los distintos reinados que se sucedieron a lo largo del tiempo en Babilonia con una cronología absoluta, es decir, con nuestro calendario. La discusión se ha centrado específicamente en el reinado de Hammurabi, que sabemos tuvo una duración de cuarenta y dos años. Tradicionalmente se han manejado tres propuestas distintas, que se enumeran a continuación: la cronología larga (1848-1806 a. C.), la cronología media (1792-1750 a. C.) y la cronología corta (1728-1686 a. C.). A finales del siglo XX se dio a conocer una nueva cronología aún más corta (1696-1654 a. C.). Sin embargo, por convención, la mayor parte de los historiadores hace uso de la cronología media. No es una cuestión sin importancia, pues el uso de una u otra propuesta afectaría a todo el cuadro cronológico de la historia de Mesopotamia. Teniendo bien presente toda esta problemática, los modernos historiadores suelen organizar la historia de Babilonia en cuatro grandes períodos, a saber:

1. Período Paleobabilónico (1894-1595 a. C.). Destaca el reinado de Hammurabi, el más importante monarca de la primera dinastía, que sentó los cimientos de la fuerza, el prestigio y la fama de Babilonia en todo el Próximo Oriente. En 1595 a. C. el rey hitita Murshili I puso fin a esta dinastía después de conquistar Babilonia.

2. Período Mediobabilónico (1595-1026 a. C.). Está marcado por la presencia de la dinastía kasita, que convirtió a Babilonia en una gran potencia y mantuvo estrechas relaciones con otros

reinos del Próximo Oriente y Egipto, y la segunda dinastía de Isin, en la que destacó el rey Nabucodonosor I.

3. Período Neobabilónico inicial (h. 1026-626 a. C.). Caldeos y arameos, dos pueblos próximo-orientales, dominaron la escena política hasta que entre los años 729 y 626 a. C. se produjo, con algunas breves interrupciones, la dominación asiria de Babilonia. En el año 689 a. C. el rey asirio Senaquerib destruyó la ciudad.

4. Período Neobabilónico clásico (626-539 a. C.). Tiene como protagonista política a la llamada dinastía caldea o neobabilónica que, tras derrotar al Imperio asirio en el 612 a. C., reinó sobre buena parte del Próximo Oriente. Nabucodonosor II es su monarca más carismático. En el 539 a. C. el rey aqueménida Ciro puso fin a la historia babilónica propiamente dicha. La historia de los pueblos mesopotámicos había llegado a su última etapa.

5. A partir de aquí, se abre un nuevo período, que podemos denominar Tardobabilónico, marcado por las dominaciones aqueménida, macedónica y seléucida (539-141 a. C.). Las conquistas parta-arsácida y persa-sasánida representan un nuevo período histórico, que podríamos calificar de Postbabilónico (siglos II a. C.-VII d. C.).

# 2

# Hammurabi, el engrandecedor del nombre de Babilonia

Las palabras que dan título a este capítulo las mandó grabar en caracteres cuneiformes el rey Hammurabi, a mediados del siglo XVIII a. C., sobre la estela de piedra de su célebre Código. Si bien no están exentas de ese estilo propagandístico y grandilocuente, tan del gusto de los monarcas mesopotámicos, no podemos descartar de entrada que respondan a una realidad histórica. ¿Qué sabemos de Babilonia antes de la llegada de Hammurabi a su trono? Las referencias textuales y las evidencias arqueológicas sobre la historia de Babilonia antes de Hammurabi son casi inexistentes, a pesar de que la fundación de la ciudad pudo llegar a superar en varios siglos al célebre monarca. Es muy posible que el plano de la ciudad de Babilonia que hoy conocemos responda, al menos en sus líneas generales, a los principios de urbanismo característicos del final del III e inicio del II milenio antes de Cristo.

La historia de Babilonia plantea al historiador de hoy un grave problema, ya que sus inicios permanecen prácticamente en el anonimato por la falta de fuentes.

Por tanto, resulta imposible evaluar la relevancia política, económica o cultural de la ciudad en sus primeros siglos de existencia. Es evidente que el reinado de Hammurabi marcó un hito y que contribuyó, como él mismo afirmó, a engrandecer el nombre de Babilonia. Pero es más que probable que la moderna investigación histórica haya contribuido a sobrevalorar su figura en detrimento de las oscuras etapas anteriores. Babilonia no nació con la llamada primera dinastía, de la que Hammurabi fue, eso sí, el más importante monarca.

Estos siglos oscuros de la historia de Babilonia están marcados por la aparición de un nuevo elemento étnico en el Próximo Oriente antiguo. Son las tribus amorreas o amorritas, llamadas *amurru* en acadio y *martu* en sumerio. Los escribas utilizaron este término para designar de forma genérica las tierras situadas al oeste de Mesopotamia. Esas tribus nómadas de pastores, que hablaban una lengua semítica noroccidental, ya aparecen citadas en documentos sumerios y acadios de la segunda mitad del III milenio a. C., produciéndose un significativo aumento de su presencia en los textos cuneiformes de la tercera dinastía de Ur (2112-2004 a. C.). De hecho, el rey sumerio Shu-Sin (2037-2029 a. C.) construyó una gran muralla entre los ríos Tigris y Éufrates, el denominado «muro de los martu», para frenar el avance de los amorritas.

Por causas que desconocemos, y aprovechando el vacío político dejado por la caída del Imperio de Ur en los últimos años del III milenio a. C., se va a producir finalmente un movimiento migratorio de estas poblaciones semitas, que concluyó con su asentamiento en la llanura mesopotámica. A comienzos del II milenio a. C., los amorreos ya reinaban en diferentes ciudades de la geografía de Mesopotamia y de Siria, a saber: Alepo, Mari, Larsa, Uruk y Babilonia, entre otras. De hecho, una parte importante de la población de estos reinos llevaba nombres propios de origen amorreo. Tal fue la importancia alcanzada por estas tribus durante el período Paleobabilónico que este es conocido también como el período Amorrita.

## HAMMURABI, REY AMORREO

Hammurabi, prototipo de rey amorreo conquistador, fue el sexto monarca de la primera dinastía de Babilonia, que rigió su destino durante un largo reinado de cuarenta y dos años (entre 1792 y 1750 a. C., según la cronología media). Comenzó reinando sobre un territorio restringido, a pesar de lo cual situó a Babilonia en un lugar preeminente dentro de la historia del Próximo Oriente. Para ello, el monarca amorreo orientó todo su esfuerzo personal hacia la creación de un imperio a imitación de aquellos fundados por los grandes reyes mesopotámicos del III milenio a. C. (dinastías de Acad y de Ur). El establecimiento de su hegemonía política en Mesopotamia estuvo acompañado, como es lógico, de la eliminación de sus rivales y vecinos. Hammurabi invirtió los treinta y tres primeros años de su reinado en una política de alianzas interesadas y de conquistas militares.

A su llegada al trono, Hammurabi estaba arrinconado entre monarquías mucho más fuertes que la suya, como eran la de Larsa, en el sur, y la de Eshnunna, en el noreste; en el norte, el también amorreo Shamshi-Adad estaba creando el gran reino de la Alta Mesopotamia. Sin embargo, su habilidad, su astucia y su eficacia militar terminarán por cambiar la situación a su favor. Hasta la muerte de Shamshi-Adad en el 1775 a. C., hecho que representó un considerable alivio para el monarca

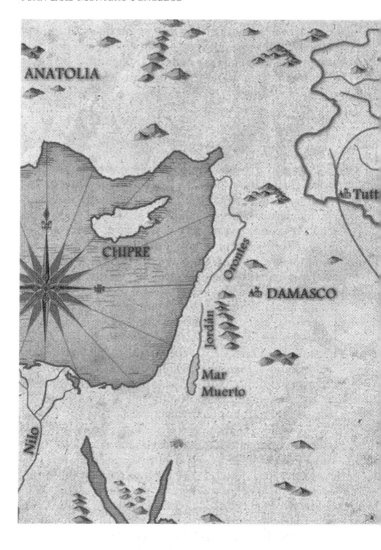

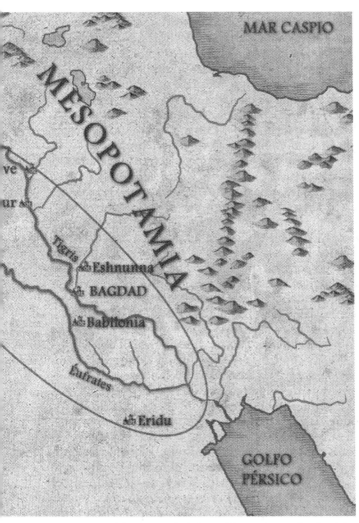

Mapa del Imperio babilónico bajo el reinado de
Hammurabi.

babilónico, Hammurabi demostró una gran prudencia con respecto a los territorios del norte. No en vano fue hacia el sur donde dirigió sus primeras operaciones militares. La conquista de su imperio fue un proceso largo y complejo, que empezó en el año 1787 a. C. con la toma de las ciudades de Isin y de Uruk, en el sur mesopotámico, y concluyó en el 1759 a. C. con la destrucción en el Medio Éufrates de la ciudad de Mari, que estaba dominada por otra dinastía amorrea.

En el prólogo de su Código, el propio Hammurabi nos enumera, al final ya de su reinado, una a una las ciudades que formaron parte de su imperio. De las veintiséis ciudades citadas, veintiuna se concentraban en la Mesopotamia meridional, concretamente en el espacio geográfico comprendido entre Eridu, al sur, y Eshnunna, al norte. Esta es la verdadera geografía del reino diseñado y creado por Hammurabi. Finalmente, el rey babilónico proporcionó a este territorio dos importantes vías de penetración hacia el norte a través de las dos grandes arterias fluviales mesopotámicas. En el Medio Éufrates, conquistó las ciudades de Mari y de Tuttul, y en el Medio Tigris, las ciudades de Asur y de Nínive. El objetivo era asegurar y controlar el acceso directo a los recursos naturales del norte de la actual Siria y del sureste de lo que hoy es Turquía, de los que carecía el sur de Mesopotamia.

Hammurabi se había convertido, tras eliminar a todos sus rivales, en el dueño y señor de Mesopotamia. En este sentido, es interesante observar en las inscripciones cuneiformes cómo los títulos y los epítetos utilizados por el rey evolucionaron al mismo ritmo que lo hacía la situación política y territorial. Así, de rey de Babilonia Hammurabi pasó a ser, tras la conquista de Larsa, rey de Súmer y de Acad, y después de la toma de Mari utilizó el título de «rey de todo el país amorrita». Finalmente, se apropió del título tradicional de «rey de las cuatro orillas», con el que los monarcas del III milenio a. C. expresaron la idea de universalidad de la realeza, es decir, la imposición por parte del rey de su orden en el universo entero.

Tras más de treinta años, el monarca amorreo había convertido la ciudad de Babilonia en el centro de toda la vida política, económica y administrativa del nuevo reino, en el que su persona lo controlaba todo. Gracias a tan importante logro, Hammurabi se presentaba ante sus contemporáneos como un monarca modélico por su astucia, su tenacidad y su capacidad militar. En un himno se exaltaban las virtudes del monarca babilónico en los siguientes términos:

> Hammurabi, el rey, héroe poderoso, exterminador de enemigos, diluvio de los combates, que aniquila el país del adversario, que apaga las batallas, que pone fin a las discordias, que destruye los soldados como figuras de arcilla.

## HAMMURABI, JUEZ Y LEGISLADOR

Si hay un monumento que ha hecho famoso al rey Hammurabi ese es, sin lugar a dudas, la estela en la que mandó grabar su código de leyes. La estela, conservada hoy en el Museo del Louvre, fue erigida en alguna de las grandes ciudades de su imperio, con toda probabilidad en Sippar, situada al norte de la capital. Sippar era un importante centro de culto al dios solar Shamash, patrono de la justicia. Sin embargo, tampoco podemos descartar que su lugar de origen fuera la misma Babilonia, sede del dios nacional Marduk, ya que en el epílogo del Código el monarca amorreo afirma que: «[…] en Babilonia […] he inscrito mis eximias palabras en la estela mía, y las he alzado delante de mi estatua de rey de la equidad». El problema reside en que el Código no fue hallado en ninguna de las dos ciudades mesopotámicas sino en Susa, en Irán. A esta ciudad del país elamita llegó, a mediados del siglo XII a. C., como botín de guerra junto con otros tesoros artísticos. Shutruk-Nahhunte I, el rey de Elam, instaló estas obras de arte en un gran patio anejo a los principales templos de la acrópolis de Susa con el objetivo de exhibir sus trofeos de guerra.

Entre los años 1901 y 1902 el equipo de la delegación en Persia, que dirigía el francés Jacques de Morgan, llevó a cabo tan sensacional descubrimiento. La estela fue hallada fragmentada en tres y boca abajo, a causa probablemente de la devastación perpetrada en la acrópolis de Susa por el rey asirio Asurbanipal, en el 646 a. C. En abril de 1902, tan solo tres meses después de su descubrimiento, el monumento llegó a París, donde se expuso primero en el Grand Palais y finalmente en su actual ubicación, el Museo del Louvre. Fue el padre Jean-Vicent Scheil, en septiembre de 1902, quien dio a la estela el nombre con el que se la conoce en todo el mundo, esto es, Código de las leyes de Hammurabi o, simplemente, Código de Hammurabi. Desde entonces se han realizado innumerables ediciones y traducciones del texto en los más diversos idiomas modernos pues, como dijo el propio Scheil, «el Código de Hammurabi es un monumento, no sólo de la historia de los pueblos de Oriente, sino también de la historia universal».

La estela debe su forma irregular al hecho de que respeta la forma original del bloque de basalto negro de 2,25 metros de alto con el que se elaboró. Este gran monolito, que fue cuidadosamente pulido, sirvió de soporte para

La estela de Hammurabi se conserva en la actualidad en el
Museo del Louvre de París.

un relieve de notable valor iconográfico, como veremos más adelante, y una larga inscripción cuneiforme.

El relieve situado en la parte superior de la estela reproduce una escena cargada de un fuerte contenido ideológico sobre la función real. Se trata de una representación de la ceremonia de la investidura en la que el monarca, en pie, recibe de la divinidad, sentada en su trono, las insignias de la realeza mesopotámica, es decir, un anillo y un bastón. En su origen estos símbolos del poder, que no son otra cosa que una vara de medir y una cuerda enrollada, estaban relacionados con la función del rey como constructor. Ambos instrumentos de medición tenían una vinculación simbólica con la justicia y, por tanto, con la figura del rey justo. No en vano, la mayor virtud de un soberano mesopotámico era la administración de la equidad.

La factura del relieve está muy cuidada y los detalles de la vestimenta de los dos protagonistas representados, así como sus actitudes encierran un fuerte valor simbólico. El personaje de la derecha aparece sentado sobre un trono sin respaldo, va ataviado con un vestido largo de volantes y lleva sobre la cabeza una tiara con cuernos, atributo de los grandes dioses de Mesopotamia. Se ha especulado sobre quién es esta divinidad. La mayor parte de los especialistas piensan que se trata de Shamash, el dios Sol de la justicia. Esta propuesta se apoya, por un lado, en los rayos que emanan de los hombros del personaje de la estela (el dios solar cuya luz elimina las sombras, de ahí su asociación con la justicia) y, por otro lado, en el monumento donde aparece representado (un código legal). Sin embargo otros investigadores, los menos, prefieren identificar esta figura con el dios nacional de los babilonios, Marduk, con el que Hammurabi mantuvo una estrecha vinculación según se nos relata en el prólogo del Código.

Detalle del relieve que corona la estela de Hammurabi.

Delante de la divinidad, aparece representado, en menor tamaño, un individuo en pie y con la mano derecha levantada cerca de su boca en señal de respeto y atención. Porta los atributos característicos de la realeza mesopotámica desde finales del III milenio a. C., a saber: un vestido largo que deja libre el hombro y el brazo derechos, la cabeza cubierta por una especie de bonete y la barba real. Indudablemente se trata de un retrato idealizado del rey Hammurabi representado como el joven constructor de un nuevo imperio. Su mirada está centrada en la divinidad y en la solemnidad del momento: la ceremonia de su investidura como rey.

Debajo del relieve se encuentra la gran inscripción en acadio (en dialecto paleobabilónico) escrita con signos cuneiformes, que ocupa el resto de la estela de Hammurabi. Esta constituía la razón de ser del monumento. El texto estaba formado originalmente por casi cuatro mil líneas, de las que se han conservado aproximadamente tres mil quinientas. Aparecen encerradas en casillas rectangulares distribuidas en cincuenta y una columnas que se leían de derecha a izquierda. Tanto la escritura como la lengua alcanzaron en esta estela una gran perfección técnica y literaria. Las numerosas copias que nos han llegado en tablillas de arcilla, muchas de ellas escolares, son prueba evidente del prestigio que conoció como obra literaria.

El texto babilonio del Código se divide en tres partes, esto es: prólogo (cinco columnas), leyes o prescripciones (cuarenta y una columnas) y epílogo (cinco columnas). Esta estructura tripartita ya había sido utilizada en la composición de otros códigos legales más antiguos. Es el caso de los de Ur-Namma, rey de Ur (2112-2095 a. C.), y los de Lipit-Ishtar, soberano de Isin (1934-1924 a. C.), ambos redactados en lengua sumeria. Por tanto, la estela de Hammurabi no es el código más antiguo, como algunos afirman por error, pero sí el mejor conservado.

El prólogo y el epílogo están escritos en un hermoso estilo propio de la literatura heroica y lírica, lo que engrandece aún más el carácter monumental y oficial de la estela. Por el contrario, la parte legal del Código está escrita de forma más sencilla y usando una lengua cotidiana. Tanto el prólogo como el epílogo ponen de manifiesto que la estela debe de pertenecer a la parte final del reinado de Hammurabi, ya que al describir la geografía de su imperio enumera ciudades que no conquistó hasta el año 1759 a. C., como la ciudad de Mari. Por tanto, la estela dataría de unos años antes del fallecimiento del monarca en el 1750 antes de Cristo.

En el prólogo del Código se narra la investidura del rey, la creación de su imperio y sus logros para asegurar el bienestar de sus súbditos. En primer lugar, Hammurabi nos presenta los dos grandes pilares sobre los que va a cimentar su obra, a saber: Babilonia y Marduk. Babilonia era una ciudad de segundo rango hasta que, por voluntad divina, el monarca amorreo la transformó en la capital de su reino unificado. Según el propio Código: «[los dioses] le impusieron a Babilonia su sublime nombre y la hicieron la más poderosa de los cuatro cuadrantes». La ciudad de Babilonia se impuso en el mundo civilizado como el centro del universo. El texto continúa con las siguientes palabras: «[...] en su seno le aseguraron a Marduk un reino eterno cuyos cimientos son tan sólidos como los del cielo y la tierra». Es decir, Marduk, una divinidad menor del panteón mesopotámico, se convirtió en la divinidad protectora de la nueva Babilonia.

En segundo lugar, Hammurabi nos muestra la base teológica de su realeza, puesto que se presenta como el elegido de los grandes dioses para conquistar la gloria militar y política de su ciudad:

> [...] también a mí, a Hammurabi, el príncipe devoto y respetuoso de los dioses, a fin de que yo mostrase la equidad al país, a fin de que yo destruyese al malvado y al inicuo, a fin de que el prepotente no oprimiese al débil, a fin de que yo, como el divino Shamash, apareciera sobre los "cabezas negras" [habitantes de Mesopotamia] e iluminara la tierra, a fin de que promoviese el bienestar de la gente, me impusieron el nombre: yo soy Hammurabi [...].

Una vez proclamado rey por los dioses, Hammurabi desarrolló una intensa política de expansión territorial que dio lugar al nacimiento del Imperio babilónico, cuya geografía urbana es descrita con cierto detalle. Esta descripción ha servido a los historiadores para reconstruir su extensión.

En la enumeración de cada una de las ciudades de su reino, el soberano babilónico se arroga una larga serie de virtudes propias de un gran héroe: el pastor elegido, el guerrero compasivo, el búfalo feroz, el que captura a los enemigos, el perfecto, el príncipe puro, el sabio, el buen ecónomo, el primero de entre los reyes, el silenciador de rebeldes, etcétera.

El prólogo concluye con nuevas palabras de Hammurabi: «Cuando Marduk me mandó a gobernar el pueblo, a enseñarle al país el buen camino, yo hice de la verdad y la equidad el asunto más importante: me ocupé del bienestar del pueblo». Tras esta declaración de principios, nos encontramos con el código propiamente dicho, que se presenta como una serie de proposiciones orientadas a reglamentar la conducta social y la vida corriente del reino babilónico a mediados del siglo XVIII a. C. Estas proposiciones, llamadas comúnmente artículos o leyes, no aparecen numeradas en la estela. Las numeró el padre Scheil en la primera edición del texto del Código, que el autor francés realizó en el año 1902. Se contabilizan así, teniendo en cuenta la laguna central existente en la estela, un total de doscientas ochenta y dos leyes. Cada una de ellas presenta la misma estructura gramatical: una frase en condicional, introducida por la conjunción «si» (*shumma* en lengua acadia), donde describe una situación o problema concreto, seguida de una respuesta en futuro en forma de sanción contra el infractor. He aquí, por ejemplo, el contenido del primer artículo del Código: «Si un hombre acusa a otro hombre y le imputa un asesinato pero no puede probárselo, su acusador será ejecutado».

Como se verá a continuación, el contenido del Código cubre el Derecho Penal, Civil y Administrativo. En él, los artículos están reagrupados en grandes bloques temáticos, que en la estela no aparecen señalados con ninguna separación especial, a saber:

- Falso testimonio (arts. 1-5): «Si un hombre acude ante un tribunal para hacer un falso testimonio y luego no prueba su declaración, si se trata de un caso con pena de muerte, ese hombre será ejecutado» (art. 3).
- Robo (arts. 6-25): «Si un hombre roba algo propiedad del dios o del palacio, será ejecutado, y el que haya aceptado de sus manos lo robado, será ejecutado también». (art. 6).
- Explotación de las propiedades reales (arts. 26-41): «Si un hombre le compra el ganado mayor o menor que le haya dado el rey al soldado, perderá el dinero que haya pagado» (art. 35).
- Trabajo agrícola (arts. 42-66): «Si un hombre arrienda un campo para explotarlo pero luego no produce cebada en el campo, que le prueben que no lo cultiva adecuadamente, y él le dará al dueño tanta cebada como produzca su vecino» (art. 42).
- Vivienda (art. 67 y siguientes [hay una laguna en la estela]): «Si un hombre va a hacerse una casa, y su vecino...» (art. 67).
- Comercio (hasta el art. 111): «Si el mercader le anticipa dinero para la gira al agente, y éste, en el lugar a donde fue, sufre pérdidas, le devolverá al mercader solamente el capital» (art. 102).
- Depósitos y deudas (arts. 112-126): «Si un hombre le entrega a otros hombres en depósito plata, oro o lo que sea, que todo lo que entrega se lo enseñe

a testigos, que redacte un contrato, y que luego efectúe el depósito» (art. 122).

- Familia (arts. 127-194): «Si alguien toma una esposa, pero no redacta un contrato relativo a ella, esta mujer no es una esposa» (art. 128).
- Golpes y heridas (arts. 195-214): «Si un hombre le golpea en la mejilla a otro hombre que es mayor que él, le darán en público sesenta azotes de vergajo de buey» (art. 202).
- Profesiones liberales y serviles (arts. 215-277): «Si un médico le produce una incisión profunda al esclavo de un individuo cualquiera y le provoca la muerte, restituirá esclavo por esclavo» (art. 219).
- Esclavos (arts. 278-282): «Si un hombre compra un esclavo, o una esclava, y es objeto de alguna reclamación, será el vendedor quien afronte la reclamación» (art. 279).

En esta organización temática del Código de Hammurabi se observa con claridad que el bloque consagrado a la familia es el más importante (con sesenta y siete artículos), pues la sociedad babilónica estaba cimentada sobre el núcleo familiar. Por esta razón, el Código muestra una evidente preocupación por cuestiones relacionadas con el matrimonio y la herencia, que eran la base de la estructura familiar babilónica, pero también acerca del divorcio, el adulterio, el incesto, la adopción, la herencia y las viudas. He aquí algunos artículos referidos a estos temas: «Si un hombre se divorcia de su esposa principal, que no le ha dado aún a luz hijos, le entregará completo el dinero de su precio de novia; además le restituirá íntegramente la dote que trajo de casa de su padre, y que, luego, se divorcie de ella» (art. 138); «si la esposa de un hombre es sorprendida acostada con otro varón, que los aten y los tiren al agua; si el marido le perdona a su esposa la vida, el rey le perdonará también la vida a su súbdito» (art. 129); «si un hombre después de muerto su padre, se acuesta con su madre, que los quemen a ambos» (art. 157); y «si un hombre se lleva un pequeño recién nacido para adoptarlo y lo cría, ese crío no podrá ser reclamado» (art. 185).

Además de permitirnos conocer la estructura y las relaciones familiares, la estela de Hammurabi es especialmente interesante en lo relativo a la organización social. Según el Código, la sociedad babilónica estaba repartida en tres grupos bien distintos en función de su importancia social, llamados *awîlu*, *mushkênu* y *wardu* en acadio. Esta última categoría no plantea discusión alguna entre los especialistas, que la identifican sin titubeos con los esclavos. La condición de esclavo se adquiría, bien por nacimiento, bien por deudas o por ser prisionero de guerra. Sin embargo, la situación cambia a la hora de definir socialmente las otras dos categorías. El *awîlu* representa, de acuerdo con el Código, una categoría social privilegiada vinculada directa o indirectamente con el poder. El problema surge cuando se intenta traducir a nuestro idioma el término *awîlu*, ya que su significado puede variar según el contexto en el que aparezca. Normalmente designaba a un hombre, individuo o persona libre en posesión de todos sus derechos y que gozaba de cierto prestigio. Pero este término puede referirse también a los miembros de la alta administración palacial. En este caso se podría traducir aproximadamente por aristócrata, señor o noble. Más compleja resulta aún, a nuestros ojos, la interpretación del concepto acadio *mushkênu*, que ha dado lugar a la palabra 'mezquino' en castellano. La etimología no ayuda a resolver el problema, ya que este sustantivo acadio deriva de una raíz que

Detalle de la inscripción cuneiforme, en lengua acadia, que cubre la mayor parte de la estela de Hammurabi.

significa 'inclinarse'. Por tanto, un *muskhênu* sería 'el que se inclina'. Normalmente se le ha identificado con simples particulares o individuos cualesquiera ajenos a la administración palacial. En otras palabras, se trataba de hombres libres que constituían el grueso de la población babilónica, en cuyo interior debían de existir importantes diferencias económicas.

El Código hace alusión en varios artículos a la huida de esclavos, reprimiendo con dureza a los cómplices de dicha acción, ya que en el art. 16 se afirma que: «Si un hombre esconde en su casa a un esclavo o una esclava escapados del palacio o incluso de un individuo cualquiera, y cuando los pregonan no los saca, ese cabeza de familia será ejecutado». Por otro lado, los artículos 170 y 171 de la estela indican lo que se debía hacer en caso de que un *awîlu* tuviera hijos con su esposa libre y con una esclava. Si el padre hubiera reconocido en vida a sus hijos con la esclava, estos tendrían derecho a una parte de los bienes de la casa del padre tras su fallecimiento. No obstante, el heredero, el hijo de la esposa principal, sería el primero en escoger su parte y llevársela. Por el contrario, si el progenitor no reconocía en vida a los hijos que tuvo con la esclava, cuando moría, estos y su madre no heredaban nada. A cambio quedaban libres, y los hijos de la esposa no podían reclamarlos como esclavos suyos.

Es en el pago de los salarios y en la aplicación de las penas, aspectos ambos que están determinados con precisión en el Código de Hammurabi, donde mejor se observan las diferencias entre los tres grupos que conformaban la sociedad babilónica. Así, los honorarios de los profesionales liberales (médicos, albañiles, carpinteros, barqueros, etc.) están fijados en función de la clase social del cliente. Por ejemplo, el precio de una operación realizada por un médico sigue este principio: «Si un médico le recompone un hueso roto a un *awîlu* o le cura un tendón enfermo, el paciente le abonará al médico cinco siclos (41,5 g) de plata; si es el hijo de un *muskhênu*, abonará tres siclos (24,9 g) de plata; si es el *wardu* de un hombre, el dueño del esclavo le abonará al médico dos siclos (16,6 g) de plata» (arts. 221-223).

Esta distinción se observa igualmente en las penas aplicadas ante un mismo delito. Estas sanciones son de diferente importancia y naturaleza según la categoría social de la víctima: «Si un hombre golpea a una hija de un *awîlu* y le provoca la pérdida del hijo de sus entrañas, pagará diez siclos de plata (83 g) por el fruto de sus entrañas; si es la hija de un *mushkênu* a quien le provoca a golpes la pérdida del fruto de sus entrañas, pagará cinco siclos (41,5 g) de plata; si golpea a la esclava de un hombre y le provoca la pérdida del fruto de sus entrañas, pagará dos siclos (16,6 g) de plata» (arts. 209, 211 y 213). Como se observa en estas tres leyes, la desigualdad social es evidente en la aplicación de la justicia.

Si bien el Código de Hammurabi se inscribe, en muchos de sus aspectos, dentro de la vieja tradición mesopotámica, éste introduce una importante novedad en lo referente a la reparación de los daños infringidos. Se trata de la llamada ley del talión, más conocida como «ojo por ojo, diente por diente», que consistía en infligir al culpable el mismo daño sufrido por la víctima. Esta ley no representaba en sentido estricto una novedad babilónica, ya que ahondaba sus raíces en el derecho de la costumbre y en las tradiciones propias de las tribus semíticas. Así, la Biblia, concretamente el Éxodo 21, se hace eco de la misma tradición: «[...] si resultare daño, darás vida por vida, ojo por ojo, diente por diente, mano por mano, pie por pie, quemadura por quemadura, herida por herida, contusión por contusión». El Éxodo es parte esencial de los libros designados, según la tradición judía, con el nombre de la Torá, 'la Ley', que se considera obra de Moisés.

En el Código de Hammurabi la ley del talión se aplicaba a la clase de los *awîlu*, y tenía un valor más bien ejemplarizante y disuasorio: «Si un *awîlu* deja tuerto a otro, lo dejarán tuerto a él» (art. 196); «si le rompe un hueso a otro, que le rompan un hueso a él» (art. 197); o «si un hombre le arranca un diente a otro hombre de su mismo rango, que le arranquen un diente a él» (art. 200). Parece más que improbable que la ley del talión se aplicase literalmente, al menos de manera sistemática. Su valor era más simbólico y educativo que real.

Las principales penas recogidas en la estela eran de tres tipos: la pena de muerte, los castigos corporales y las sanciones económicas. La pena capital estaba reservada para los delitos considerados graves por la sociedad babilónica, como eran el falso testimonio, el rapto de niños, la colaboración con esclavos fugados, el saqueo, el complot contra el Estado, el adulterio, el incesto, el homicidio voluntario, la negligencia de un profesional que terminaba en fallecimiento del cliente, etc. Veamos un par de casos: «Si un hombre acusa a otro hombre y le imputa un asesinato pero no puede probárselo, su acusador será ejecutado» (art. 1); o «si un albañil le hace la casa a un hombre y no consolida bien su obra y la casa que acaba de hacer se derrumba y mata al dueño de la casa, ese albañil será ejecutado» (art. 229). Algunas veces se podía aplicar la pena de muerte por sustitución, como se observa en el artículo 230: «Si el derrumbe de la casa mata a un hijo del dueño de la casa, que ejecuten a un hijo de ese albañil que la construyó».

El Código precisa, en ciertas ocasiones, el modo de ejecución de la pena máxima, que sería mediante la hoguera, la horca o el empalamiento. He aquí un ejemplo de cada uno de ellos: «Si en la casa de un hombre se declara un incendio y a algún hombre que había venido a apagarlo le apetece algún objeto y se queda con el objeto del dueño de la casa, ese hombre será quemado en ese mismo fuego» (art. 25); «si un hombre abre un boquete en un casa, lo ejecutarán y lo dejarán colgado en frente de ese boquete» (art. 21); y «si la esposa de un hombre, a causa de otro varón, hace que maten a su marido, a esa mujer la empalarán» (art. 153).

Los castigos corporales eran muy variados y eran aplicados normalmente a los autores de injurias y de agresiones físicas. Estas sanciones consistían, entre otras, en la flagelación, la mutilación y el afeitado de la cabeza. Según el Código de Hammurabi, la mutilación consistía en amputar aquella parte del cuerpo relacionada con la infracción o con la negligencia cometida: «Si un hijo golpea a su padre, que le corten la mano» (art. 195); o «si un médico realiza una incisión profunda en un hombre con bisturí de bronce y le provoca la muerte, o si le abre la sien a un hombre con bisturí de bronce y deja tuerto al hombre, que le corten la mano» (art. 218).

Las sanciones económicas tenían como objeto reparar o compensar los daños infligidos a miembros de los grupos sociales inferiores y resolver los litigios relacionados con la actividad comercial, los trabajos agrícolas y la gestión administrativa. Las multas impuestas se podían pagar bien en metálico (según un determinado peso de plata), bien en cereal: «Si esa esclava muere pagará un tercio de mina (166,6 g) de plata» (art. 214). También eran frecuentes las indemnizaciones parciales: «Si un hombre alquila un buey y le rompe un cuerno, le corta la cola o le rasga la lomera, que abone la quinta parte de su valor en plata» (art. 248); y las compensaciones totales, es decir, la restitución del bien dañado por otro igual: «Si un hombre le deja en alquiler su barco a un barquero y el barquero es descuidado y hunde el barco o lo deja inservible, el barquero le restituirá el barco al dueño del barco» (art. 236). Por último, hay en el Código algunos casos de aplicación de las penas de desheredamiento por mala conducta del hijo (art. 169) y de destierro por incesto (art. 154).

Ante la falta de pruebas suficientes o ante el temor al perjurio, se podía recurrir a la ordalía, o dictamen de los dioses a través del río, en los casos de acusaciones graves. Era una prueba irracional utilizada ante la falta de una prueba material. El juicio del río tenía como objetivo que el acusado –o su sustituto– demostrara su inocencia, pero no está claro cómo se llevaba a cabo esta práctica arraigada desde el III milenio a. C. Según un texto del archivo amorreo del palacio de Mari, en el Éufrates Medio, la ordalía consistía en nadar una determinada distancia cargando con peso. El rechazo de esta prueba suponía la pérdida del proceso. El Código de Hammurabi recoge la práctica de este ritual en los casos de brujería y adulterio (arts. 2 y 132).

La inscripción de la estela concluye con el epílogo, que comienza con la siguiente afirmación: «Estas son las sentencias de equidad que estableció Hammurabi, rey potente, y que hizo aceptar al país como conducta segura y dirección correcta». En esta parte, el texto recupera el estilo del prólogo, elevado y culto, que era muy acorde con el objetivo del rey: su nombre no debía caer en el olvido y su voluntad no sería alterada por sus sucesores. Para ello Hammurabi mandó grabar en la estela una maldición divina contra todo aquel hombre que no respetara su contenido:

Si ese hombre no atiende a las palabras que he grabado en mi estela, desprecia mis maldiciones y no se arredra ni ante las maldiciones de los dioses, y aniquila la legislación que yo he impuesto, les da un sentido torcido a mis palabras, altera mis signos y designios, raspa mi nombre inscrito y luego graba el suyo o, debido a estas maldiciones, instiga a otro que lo haga él, a ese hombre, sea un rey, un señor, un gobernador u otro sujeto, llámese como se llame.

A este hombre el rey Hammurabi le tenía reservada una maldición terrorífica, para la que invocó a los principales dioses del panteón mesopotámico. Como muestra se transcribe, a continuación, el espeluznante castigo que le reservaba Ninkarrak, la diosa de la medicina, a aquel individuo que en el futuro alterase los designios del monarca babilónico:

> [...] le haga salir en sus miembros, una dolencia grave, un mal demoniaco, un tumor doloroso que no se calme, cuya naturaleza desconozca el médico, que no pueda aplacar con vendajes y que (como el mordisco de la muerte) no se lo pueda arrancar, para que, hasta que se le extinga la vida, no cese de llorar por su virilidad.

## ¿CÓDIGO DE LEYES O TESTAMENTO POLÍTICO?

Tanto los historiadores del Derecho como los especialistas de la antigua Mesopotamia mantienen un debate abierto sobre cuál era la naturaleza exacta de la estela de Hammurabi, que por tradición denominamos «código de leyes». ¿Se trata de un código legal en sentido estricto? ¿Estamos ante el conjunto de normas por las que se regía la sociedad babilónica de mediados del siglo XVIII antes de Cristo?

En el campo de la justicia moderna, una ley es un precepto de carácter general dictado por una autoridad competente para reglamentar la conducta social. En la estela de Hammurabi nos hallamos, por el contrario, ante situaciones muy particularizadas. Sirva de muestra un botón: el artículo 195 trata sólo sobre los golpes dados por un hijo a su padre, pero nada dice, por ejemplo, sobre la hija y la madre. Este caso tan singular y otros más, contenidos en la estela, están lejos del valor absoluto que debe regir en toda ley desde nuestro punto de vista. En este sentido, no debemos ignorar que la palabra «ley» no existía en la lengua de los babilonios. Pero esto no significa que no existiera una justicia, que como es obvio respondía a otra concepción muy distinta a la nuestra.

En la estela se observan también llamativas lagunas en materia legislativa, pues muchos conflictos y problemas conocidos en las numerosas tablillas administrativas y judiciales de la época que nos han llegado, no aparecen recogidos, incomprensiblemente, en ella. Además, en estos mismos documentos, en particular en aquellos sobre procedimientos, no hay ninguna sentencia dictada con referencia a un determinado artículo del Código de Hammurabi. Sólo algún documento remite a la estela, pero siempre se refiere a ella de forma genérica.

Todas estas consideraciones han dado lugar a una hipótesis cada vez más influyente, que pone en duda el valor de la estela de Hammurabi como código legal. El propio soberano nos dice en el epílogo que la estela debía servir para: «Que el oprimido a quien llevan a juicio pueda acudir ante mi estatua de rey de la equidad, que lea y relea mi estela inscrita y oiga mis exquisitas palabras, que mi estela le aclare el caso, él mismo comprenda su sentencia [...]». Es decir, el texto tenía una función eminentemente educativa.

Al inicio del epílogo, el rey definía las prescripciones mandadas grabar en la estela como «sentencias de equidad». Por consiguiente, lo que Hammurabi quiso compilar en su obra no eran leyes, sino sentencias tomadas en virtud de unas normas que hoy desconocemos. Lo que el monarca hizo fue una selección de las decisiones de justicia, seguramente las más sabias y justas, tomadas a lo largo de su reinado en Babilonia. En definitiva, la estela no fue concebida como un código de leyes, sino como un modelo a seguir en el ámbito judicial por su valor instructivo y ejemplarizante. Así, cada artículo del Código hay que entenderlo, en realidad, no como una ley sino como el resumen de una sentencia o decisión de justicia. De acuerdo con este principio, el llamado Código de Hammurabi no era una colección legislativa destinada a ser aplicada.

La estela del rey Hammurabi hay que juzgarla como la expresión de un ideal político, en el que la justicia ocupaba un lugar destacado. El monarca se había convertido en el responsable de mostrar la justicia a su pueblo por mandato divino. «Yo hice de la verdad y la equidad el asunto más importante [...]», afirmaba al final del prólogo el propio Hammurabi, quien además se autodefine, hasta en tres ocasiones, como «rey de la equidad» en el epílogo.

El Código debe entenderse como una gran inscripción real, pero de un tipo particular. En lugar de poner el acento, como era habitual en este tipo de inscripciones conmemorativas, sobre los éxitos militares o sobre las tareas como constructor del rey, Hammurabi se presentaba en la estela como un modelo, el de soberano justo, en el que debían inspirarse sus sucesores. En otras palabras, el Código era una autoalabanza real

Cabeza real asociada habitualmente con Hammurabi,
debido a su parecido con la figura representada en el relieve
de la estela del Código. Fue hallada en Susa, Irán.

con la que el monarca rendía cuentas a los grandes dioses de Mesopotamia de sus «hazañas» en el ámbito de la equidad. La estela era en sí misma una manifestación de una ideología monárquica, esto es, el testamento político de un reinado de prestigio, transformado a su vez en un modelo a seguir por los futuros soberanos de Babilonia. Este modelo concebía la administración de la equidad como la mayor virtud de un rey.

El debate aún no está cerrado, pues la discusión continúa entre los que defienden que el Código de Hammurabi no era el resultado de un propósito legislativo sino de una autoglorificación, y los partidarios de ver en la famosa estela una serie de normas y prescripciones establecidas por una autoridad soberana, es decir, un código de leyes. Al margen de su verdadera función, el célebre Código es una fuente excepcional para conocer la mentalidad, la sociedad, la economía y la religión del período Paleobabilónico.

# 3

# Babilonia
# entre la dominación
# de kasitas y de asirios

Suele afirmarse que el reino instaurado por el rey Hammurabi se vino abajo después de su fallecimiento en el año 1750 a. C. Dicho en otras palabras, el proyecto de la gran Babilonia moría con su creador. De hecho, su hijo Samsuiluna (1749-1712 a. C.), que le sucedió en el trono de Babilonia con grandes esperanzas, ha pasado a la historia como el rey que perdió una gran herencia política y territorial. Sin embargo, hay algo de exageración en esta tesis, ya que la decadencia del Imperio paleobabilónico fue un proceso largo y paulatino que duró más de siglo y medio. Es cierto que los cinco monarcas que sucedieron a Hammurabi hasta la llegada de una nueva dinastía no mantuvieron el control sobre todas las regiones y ciudades conquistadas por él. Sólo gobernaron sobre un reino mermado y en descomposición, a pesar de lo cual Babilonia siguió siendo una entidad política de importancia.

El último rey de la primera dinastía babilónica fue destronado por una nueva potencia política originaria del corazón de la actual Turquía. En el año 1595 a. C., el rey hitita Murshili I, tras recorrer los más de mil kilómetros que separaban Hattusa, la capital del reino de los hititas, de la Baja Mesopotamia, culminó con éxito la invasión y el saqueo de Babilonia. Después de saborear el éxito militar y el prestigio que representaba esta victoria, el rey hitita regresó a casa. El sueño de Hammurabi había llegado a su fin y Babilonia entraba en otra etapa de su historia. El vacío de poder resultante fue aprovechado por los kasitas, un pueblo prácticamente desconocido que instauró una nueva dinastía en la ciudad durante más de cuatrocientos años.

## La dinastía kasita y el club de las grandes potencias internacionales

La segunda mitad del II milenio a. C. en Babilonia está marcada por el dominio ejercido por los kasitas (gentilicio derivado del término acadio *kashshu*, aunque ellos se autodenominaban *galzu*). Se trata de una nueva etnia de origen desconocido, ya que su patria originaria forma parte de un problema no resuelto todavía por la moderna investigación. Habitualmente, pero sin argumentos concluyentes, se les considera un grupo oriundo de la región de los montes Zagros, en el oeste de Irán, desde donde habrían emigrado hasta la llanura mesopotámica.

Los estudios de lingüística comparada no han sido de gran ayuda para resolver esta cuestión, puesto que la lengua kasita no tiene ningún parentesco lingüístico con otra lengua conocida del Próximo Oriente. Hasta mediados del siglo XIII a. C., los reyes de Babilonia utilizaron nombres de origen kasita, prueba fehaciente de que hablaban una lengua propia. La identificación de diversos nombres de dioses del panteón kasita apunta en la misma dirección. Así mismo, los soberanos de esta nueva dinastía eran conocidos por sus colegas de otros reinos del Oriente antiguo como los reyes de la «tierra de Karduniash», un concepto de origen kasita usado para referirse a Babilonia. A pesar de estas evidencias, que demuestran la existencia de una lengua kasita, hay que destacar que no se han encontrado textos completos escritos en ella, sino sólo algunas palabras dentro de otros textos. Esta situación responde a que los kasitas asumieron rápidamente como propia la cultura babilónica tradicional, en lo que se refiere a la lengua, la ideología y la religión. Sí que nos han llegado, por el contrario, algunas listas de vocabulario acadio-kasita, que incluyen sustantivos, verbos y adjetivos de uso en el ámbito de las escuelas de escribas.

La referencia más antigua conocida sobre los kasitas en los textos cuneiformes se remonta al siglo XVIII a. C., aunque no será hasta dos siglos más tarde cuando se establezcan en el trono de Babilonia. La lista real babilónica menciona los nombres de treinta y seis reyes, que habrían gobernado durante un total de «576 años y 9 meses». Esta cifra resulta difícil de comprobar, pues desconocemos la cronología de casi la mitad de los reyes y, además, la lista incluye a monarcas que nunca reinaron sobre Babilonia. Según esta misma lista, la dinastía kasita fue inaugurada por un tal Gandash, contemporáneo quizás del hijo de Hammurabi, y finalizó con el monarca llamado Enlil-nadin-ahi (1157-1155 a. C.). No obstante, Burnaburiash I (h. 1530-1500 a. C.) fue el primer monarca kasita que con seguridad reinó sobre Babilonia. Al margen de las fechas precisas, el rasgo más significativo de esta nueva dinastía fue su larga duración, que es consecuencia directa de una fuerte estabilidad política, en particular entre los siglos XIV y XII antes de Cristo.

El principal problema a la hora de reconstruir la historia de los kasitas reside en que la documentación para el período anterior a finales del siglo XIV a. C. es escasa y dispersa. En otras palabras, tenemos un conocimiento muy desigual de los cerca de cuatrocientos años de historia kasita. Esto se debe a que la mayor parte de los documentos cuneiformes que nos permiten dilucidar cómo era la vida política, económica y social en Babilonia están datados entre los reinados de Kadashman-Enlil I y Kashtiliash IV, es decir, entre el 1374 y el 1225 a. C. Para esta etapa, el historiador cuenta, entre otros, con los textos procedentes de dos importantes ciudades, a saber: el archivo egipcio de el-Amarna, donde se han conservado cartas que testimonian las relaciones diplomáticas entre la corte babilónica y el Egipto faraónico, y el archivo administrativo de Nippur, en el sur mesopotámico, que ha aportado más de doce mil tablillas.

Otro tipo de documento escrito característico de los kasitas recibe el nombre acadio de *kudurru*, que literalmente significa 'linde'. Se trata de pequeñas estelas de piedra (algunas no llegan a los 50 cm), que además de poseer una inscripción cuneiforme están decoradas con toda una serie de símbolos de carácter religioso (astros, tiaras con cuernos, animales reales o fantásticos, etc.). Tampoco son extrañas las escenas figuradas en las que puede aparecer el rey, algunas divinidades, e incluso el beneficiario de la transacción a la que hace alusión la estela.

¿Qué era realmente un *kudurru* kasita? En general, las inscripciones grabadas en estos pequeños monolitos pétreos hacen referencia bien a donaciones de tierras por parte del rey, bien a la exención del pago de impuestos como recompensa a servicios prestados por parte de miembros de la familia real, sacerdotes, militares,

La llamada Piedra Michaux es un famoso *kudurru*
de época kasita. Fue uno de los primeros textos
cuneiformes llegados a Europa a finales del siglo XVIII.
Biblioteca Nacional de Francia, París.

etc. El texto en cuestión suele contener dos partes: una donde se describe la operación efectuada (donación o exención) y otra en la que se realiza una maldición divina contra aquel que no respete, o altere, dicha operación.

En ocasiones se ha llegado afirmar que el *kudurru* tenía una función de mojón y que como tal este debía situarse en las tierras aludidas por la inscripción. Esta idea es, sin embargo, incorrecta, como ha demostrado la arqueología. Algunos de ellos han sido hallados en el interior de templos, donde debían ser custodiados por los dioses en caso de reclamación.

La información disponible para estudiar la historia kasita no procede sólo de los textos cuneiformes. La arqueología ha aportado datos muy relevantes para el conocimiento de la ideología de los monarcas kasitas y de su rápida adaptación a los modelos genuinamente mesopotámicos. Uno de estos paradigmas arraigado en Mesopotamia desde el III milenio a. C. era el del rey como promotor de la vida urbana. La fundación de ciudades y la construcción o reconstrucción de templos eran un privilegio real. Y así lo asumieron los soberanos kasitas. Un buen ejemplo de ello procede de la ciudad de Uruk, en el sur de Mesopotamia, donde el rey kasita Karaindash (h. 1413 a. C.) mandó construir un pequeño templo, dedicado a la diosa Ishtar, decorado de una forma nunca vista hasta entonces en la región. La originalidad estriba en el empleo de ladrillos moldeados y cocidos en hornos, que sirvieron para realizar una llamativa decoración en relieve a lo largo de la fachada del edificio religioso. En la ornamentación se alternaban las figuras de una diosa y de un dios barbudo, que sujetaban entre sus manos el tradicional vaso de aguas manantes (símbolo de fertilidad y prosperidad). Si bien desde el punto de vista iconográfico nos encontramos ante un tema ya conocido desde época amorrea, es la primera vez que en Mesopotamia vemos una decoración elaborada con ladrillo moldeado, una técnica que conocerá un gran desarrollo en la Babilonia del siglo VI a. C. La famosa Puerta de Ishtar es el máximo exponente del éxito que siglos más tarde tendrá este arte decorativo, del que los kasitas parecen ser los inventores.

Pero el mejor ejemplo del papel del rey mesopotámico como constructor, asumido como propio por la dinastía kasita, lo encontramos en el proyecto de fundación de una nueva capital bajo el reinado de Kurigalzu I (h. 1380 a. C.). Se trata de la antigua ciudad de Dur-Kurigalzu ('la fortaleza de Kurigalzu'), situada a más de cien kilómetros al noroeste de Babilonia. La nueva fundación se convirtió en la capital administrativa hasta que fue incendiada por los elamitas, pueblo originario de Irán, en el 1170 antes de Cristo.

Las excavaciones arqueológicas, llevadas a cabo por un equipo iraquí en los años cuarenta del pasado siglo, se han centrado en el estudio de los dos edificios más importantes de la ciudad, esto es, el palacio y el zigurat. De los dos, el palacio parece ser la construcción más novedosa desde el punto de vista arquitectónico. Se trata de un edificio de grandes dimensiones (9 ha), que sólo ha sido excavado parcialmente. Aunque en apariencia es un palacio que responde al modelo tradicional, hay una serie de elementos que lo hacen original en el contexto mesopotámico. En primer lugar, cabe destacar el uso sistemático de la bóveda para cubrir las salas del primer piso. Si bien esta técnica de cubrición ya había sido utilizada unos siglos antes en Mesopotamia, la principal innovación es su envergadura, ya que la bóveda fue usada para cubrir espacios de siete metros de longitud. En segundo lugar, es obli-

Detalle de la fachada del templo, construido por el rey kasita Karaindash en honor de la diosa Ishtar en la ciudad de Uruk.

Detalle de una pintura al fresco, que decoraba el palacio
kasita de Dur-Kurigalzu.

gatorio hacer referencia a otra novedad: la existencia en el palacio de un gran pórtico decorado con procesiones de personajes pintados sobre los muros.

El centro religioso de la ciudad estaba presidido por un zigurat, el monumento más emblemático de la arquitectura de adobe mesopotámica. Se trataba de un templo construido sobre varias terrazas escalonadas, cuyo origen se remonta a la época sumeria (h. 2100 a. C.). El zigurat de Dur-Kurigalzu tiene el mérito de ser el mejor conservado de Mesopotamia en lo que se refiere a la altura del monumento. En la actualidad, el núcleo que aún subsiste de este edificio macizo construido con adobe, se eleva cuarenta y seis metros sobre la explanada que lo rodea. El estudio realizado por un equipo italiano sugiere que el zigurat estaba formado por tres pisos de veinte, quince y doce metros de altura respectivamente. En último lugar, sobre esta torre escalonada se alzaba una capilla, hoy desaparecida, que daba lugar a un espectacular monumento de una altura total cercana a los sesenta metros. El zigurat de Dur-Kurigalzu es un buen ejemplo de la pericia alcanzada por los arquitectos kasitas, que fueron capaces de construir con tierra un monumento de una altura comparable a la de un edificio actual de veinte plantas.

A la luz de los datos disponibles, resulta difícil evaluar con justicia la importancia real del reino de los kasitas en la historia del Próximo Oriente. La opinión dominante muestra que Mesopotamia sufrió un cierto declive en comparación con la época de Hammurabi. Es más que probable, sin embargo, que esta sea una impresión falsa, resultado de la pobre documentación disponible, ya que las excavaciones arqueológicas sobre la época kasita son a todas luces insuficientes. Hay, no obstante, algunos síntomas que ponen de relieve la necesidad de reevaluar la historia de la dinastía de los kasitas, en particular en lo relativo a las relaciones internacionales. Por ejemplo, el hallazgo de una fortaleza kasita en Bahréin, en el golfo Pérsico; el descubrimiento en el palacio de Dur-Kurigalzu de un lingote de metal originario de Micenas, en la Grecia continental; o la presencia de una serie de sellos cilíndricos kasitas en Tebas, en Grecia. Estos y otros indicios son prueba inequívoca de la unificación política y de la administración centralizada alcanzadas por Babilonia bajo el dominio kasita, que tuvieron como principal consecuencia la inauguración de otro período de prosperidad e influencia para la gran urbe mesopotámica.

El principal testimonio sobre la magnitud política de la nueva dinastía babilónica en el contexto del Próximo Oriente procede de Egipto. A la luz de la información aportada por el archivo egipcio de el-Amarna, el rey kasita de Babilonia formaba parte del selecto club de las grandes monarquías del Oriente antiguo. El famoso archivo de el-Amarna, la antigua ciudad de Ahetatón, que se encuentra en el Medio Egipto, contenía cerca de cuatrocientas tablillas cuneiformes escritas en su mayor parte en acadio. El uso de la lengua acadia como lengua franca o diplomática en estos textos es una evidencia más del prestigio conocido por la corte babilónica en la segunda mitad del II milenio a. C. La mayoría de las tablillas conservadas son producto de la correspondencia mantenida entre los faraones Amenhotep III y Amenhotep IV (más conocido como Ahenatón) y los soberanos del país de Mitanni –en el norte de Siria– del reino hitita –en Turquía– de Asiria –en el norte de Mesopotamia– de Alashiya –la antigua Chipre–, de ciudades-estado de la región sirio-palestina, y como ya hemos visto, de la Babilonia kasita. Hoy se sabe que el archivo cubre un período de treinta años, y aunque su cronología exacta es incierta se

Restos del núcleo central, construido con alternancia
de capas de adobe y de cañas, del zigurat kasita de
Dur-Kurigalzu.

baraja como datación probable entre el 1385 y el 1355 antes de Cristo.

Las cartas de el-Amarna muestran que la posición de Babilonia en el siglo XIV a. C. era la de un reino relevante desde el punto de vista de las relaciones internacionales, ya que el intercambio de correspondencia entre la corte babilónica y la egipcia era frecuente. La confirmación de este posicionamiento privilegiado de la dinastía kasita en el nuevo escenario político del Próximo Oriente viene dada por la utilización del título de «hermano» en las cartas intercambiadas entre los soberanos babilonios y egipcios. Este calificativo era utilizado tan solo entre aquellos monarcas que se consideraban iguales y aliados. Estas relaciones diplomáticas fueron especialmente intensas durante los reinados de los soberanos kasitas Kadashman-Enlil I y Burnaburiash II (1374-1333 a. C.), de los que se conservan trece cartas. Otro testimonio de que la Babilonia kasita se había convertido en una potencia en la escena internacional fue la celebración de varios matrimonios mixtos, de princesas kasitas con el faraón, con el objetivo de sellar esta alianza de «hermandad».

El estudio de las cartas conservadas en el-Amarna es muy ilustrativo sobre las normas, las prácticas y los procedimientos habituales en el campo de las relaciones diplomáticas entre los estados de la primera mitad del siglo XIV a. C. El caso de Babilonia y Egipto es un buen ejemplo. Las relaciones se cultivaban mediante tratados, correspondencia e intercambio de embajadores y regalos. Uno de los regalos más frecuentes era el envío de oro de Egipto, cuyo peso y calidad debían ser comprobados en el momento de su entrega al rey por parte de los legados. Una referencia a esta verificación aparece en una carta enviada por el rey Burnaburiash II al faraón Ahenatón: «[...] Por cierto que mi hermano no comprobó el envío anterior de oro que me mandó mi hermano. Mi hermano permitió que otro pusiera el sello y lo enviara. Cuando puse en la balanza las cuarenta minas de oro que me trajeron, resultaron ser menos [...]». (carta EA, 7). Era constante la queja de los reyes sobre la parquedad de los regalos recibidos, mientras que subrayaban con regocijo la grandeza se sus propios obsequios (oro, caballos, carros, tejidos, mujeres, etc.).

Los soberanos de este selecto club se transmitían, a través de los enviados reales y de acuerdo con un estricto protocolo, frecuentes mensajes de buena voluntad, comentarios sobre su salud y sobre la situación de su país. Así, en la misma carta el rey kasita Burnaburiash II critica que su hermano Ahenatón no se hubiera interesado por su estado cuando estuvo enfermo: «[...] mi hermano no ha mostrado interés por mí, yo, por mi parte, me enfadé con mi hermano diciendo: "¿Es que mi hermano no se ha enterado de que estoy enfermo? ¿Por qué no ha mostrado interés por mí? ¿Por qué no ha enviado un mensajero a visitarme?". El legado de mi hermano se dirigió a mí en los siguientes términos: "Egipto no está lo bastante cerca para que tu hermano tenga noticias de tu estado y pregunte por tu salud. Es un país distante". [...] Pues bien, tras preguntar a mi mensajero y enterarme por él de que el viaje era muy largo, dejé de sentirme enfadado y no dije más». (carta EA, 7). Al margen de la curiosa anécdota que nos permite conocer los entresijos de las relaciones personales de los monarcas, esta carta de el-Amarna es en realidad una lección de geografía, pues el rey kasita tras conocer la gran distancia (unos 1.400 km a vuelo de pájaro) que separaba las ciudades de Babilonia, en el valle del Éufrates, y Ahetatón, en el valle del Nilo, perdonó a su «hermano» de Egipto. A pesar del enorme espacio geográfico que, como acabamos de ver, separaba ambas ciudades, era práctica habitual que los monarcas se enviaran invitaciones con motivo de las principales fiestas y ceremonias. Prueba de ello es el enfado que muestra el rey Kadashman-Enlil I en una carta enviada a su hermano Amenhotep III: «Cuando celebraste una gran fiesta, no me enviaste ningún mensajero a decirme: "¡Ven a comer y beber!", ni me enviaste ningún regalo de saludo con ocasión de la fiesta [...]. Ahora voy a dar una fiesta de inauguración de la casa. Ven a comer y a beber conmigo. No voy a hacer lo que tú [...]» (carta EA, 3).

Como se ha podido comprobar en estos fragmentos de varias cartas de el-Amarna, y para desgracia del moderno investigador, los juicios de tipo político están ausentes en la documentación, o se encuentran en segundo plano, en favor de comentarios y observaciones estrictamente personales.

Las relaciones internacionales de la dinastía kasita no se redujeron solamente al Egipto de los faraones, sino que se hicieron extensibles a otras potencias emergentes de la época, en especial hititas y asirios. Esta política se hizo visible a través de una serie de alianzas matrimoniales y de tratados. Así, sabemos que el rey hitita Suppiluliuma I (1344-1322 a. C.) tomó como esposa a la hija del rey kasita Burnaburiash II por razones estratégicas, y que Hattusili III estableció una alianza con el rey de Babilonia, Kadashman-Turgu (1281-1264 a. C.), mediante la firma de un tratado que incluía la ruptura de relaciones con Egipto. A pesar de que las relaciones entre Babilonia y Asiria eran tensas a finales del siglo XIV a. C., ambos estados consiguieron un acercamiento, que fue sellado con el matrimonio entre el hijo de Burnaburiash II y la hija del monarca asirio Assur-uballit I. El hijo nacido de este matrimonio mixto (Karahardash, 1333 a. C.), así como su nieto

(Kurigalzu II, 1332-1308 a. C.) llegarían a reinar sobre el trono kasita de Babilonia.

Si ya tenemos serias dificultades a la hora de reconstruir una historia coherente de los kasitas en la época de las grandes relaciones internacionales, este problema se agudiza aún más en el tramo final de esta dinastía. Este período se caracteriza por la presencia de constantes enfrentamientos entre Babilonia y sus dos vecinos más próximos, Asiria, al norte, y Elam, al oeste. De hecho, la Babilonia gobernada por el rey kasita Kashtiliash IV (1232-1225 a. C.) fue invadida y la capital ocupada por el soberano asirio Tukulti-Ninurta I (1244-1208 a. C.). Fue un triunfo militar muy importante para Asiria, una victoria cantada en un extenso poema, que hoy se conoce por el nombre de su protagonista, la *Epopeya de Tukulti-Ninurta*. Sin embargo, la ocupación asiria de Babilonia fue breve y sólo se prolongó hasta el año 1216 a. C. Las hostilidades con Asiria y Elam se prolongarán durante más de medio siglo hasta que finalmente el rey elamita Shutruk-Nahhunte y su hijo Kutir-Nahhunte conquisten y saqueen, entre el 1158 y el 1155 a. C., las principales ciudades babilónicas, llevándose hasta Susa, en Irán, un suculento botín de obras de arte. Entre estas se encontraban, como ya dijimos, el Código de Hammurabi y la estatua del dios Marduk.

De esta manera, terminaba la historia de una dinastía que, a pesar de ser ajena a Babilonia, fue capaz de mantenerse en el poder durante más de cuatrocientos años. La caída de los kasitas coincide, por otro lado, con la profunda ruptura que estaban sufriendo el Próximo Oriente y el Mediterráneo oriental. La crisis del siglo XII a. C. se atribuye tradicionalmente a la llegada de los Pueblos del mar, nombre que dieron los egipcios en sus textos a un conglomerado de pueblos (los tursha, los shardana, los shekelesh, los filisteos, etc.) llegados desde el oeste. Se les ha hecho responsables de las destrucciones de Troya, en Asia Menor, de Hattusa, la capital hitita, de la ciudad de Ugarit, en la costa de Siria, y de otras ciudades-estado de la franja sirio-palestina, así como de la pérdida de influencia de la XX dinastía egipcia en esta región. A pesar de que los datos disponibles son incompletos, estas modificaciones fueron el producto de la convergencia de una serie de factores aún mal conocidos, entre los que los Pueblos del mar debieron de ser una de las causas principales pero no la única. Lo que sí es indiscutible es que el Próximo Oriente estaba asistiendo, en el siglo XII a. C., a una honda transformación de los valores políticos y culturales que habían dado forma a la denominada «Era de los internacionalismos». Este cambio se hará palpable, desde el punto de vista tecnológico y cultural, con la transición de la Edad del Bronce a la Edad del Hierro, y desde el punto de vista étnico y político, con la aparición de nuevas entidades, como los principados arameos de Siria o los enclaves filisteos de Canaán, de los que se hace eco la Biblia.

## ALGUNAS PINCELADAS SOBRE LA CULTURA KASITA

A pesar de que buena parte de la historia de la Babilonia kasita continúa inmersa en la oscuridad para nosotros, lo cierto es que los testimonios disponibles nos permiten vislumbrar una fase de importancia no sólo política, como acredita el archivo de el-Amarna, sino también cultural. Muestra de ello es la intensa actividad literaria, que en este período conoció un alto grado de creatividad. Nació en esta época un nuevo dialecto literario, llamado babilonio estándar por los modernos investigadores, de fuerte inspiración en la literatura tradicional mesopotámica (acádica y paleo-babilónica). La creación del babilonio estándar fue una operación que discurrió paralela a la canonización de las obras literarias de los grandes maestros de su historia.

Los escribas kasitas dedicaron un gran esfuerzo a la transmisión, sin variantes, de lo que hoy conocemos como las «ediciones estándar» de las principales obras de la literatura de Mesopotamia. Es el caso de la célebre *Epopeya de Gilgamesh*, el gran rey de la ciudad sumeria de Uruk que no quería morir. Si bien los primeros poemas se compusieron en el siglo XXI a. C., fue entonces, entre los siglos XIII y XII a. C., cuando los escribas babilónicos llevaron a cabo la versión estándar o clásica de la epopeya. Fue obra de un autor llamado Sin-leqi-unninni, que la editó en once tablillas. Aunque el texto original se ha perdido, sí que se han conservado varias copias y recensiones más tardías repartidas por toda la geografía mesopotámica. Una de ellas procede de la famosa biblioteca del rey asirio Asurbanipal (668-627 a. C.), en la ciudad de Nínive. Es la llamada *recensión ninivita,* la versión del poema que ha sido utilizada por los asiriólogos para sus traducciones a diversos idiomas modernos.

Esta epopeya tiene como protagonista a Gilgamesh, el quinto rey de la primera dinastía de Uruk (h. 2650 a. C.) según la lista real sumeria. Se trata de una obra cumbre de la literatura no sólo mesopotámica, sino también universal. Así lo prueba el hecho de que determinados temas narrativos de este poema épico reaparezcan más tarde en el ámbito griego (*La Odisea*) y en la literatura árabe (*Las mil y una noches*). El eje central de la obra es un tema eterno: el miedo humano a la muerte. A lo largo del poema, Gilgamesh vive diversas aventuras buscando la eterna juventud, para finalmente llegar a comprender la inutilidad de su empresa: La inmortalidad es patrimonio exclusivo de los dioses y la muerte ha quedado reservada a los hombres.

El liderazgo político que conoció la Babilonia kasita a nivel internacional puede explicar el impacto que la cultura babilónica conoció en el Próximo Oriente. Un buen ejemplo de ello es la extensa difusión geográfica que tuvo a finales del II milenio a. C. la *Epopeya de Gilgamesh*. Copias en lengua acadia de este poema cumbre de la literatura mesopotámica han aparecido en las ciudades de Emar, en el Medio Éufrates sirio, de Ugarit y Megiddo, en la región sirio-palestina, y en Hattusa, la capital de los hititas en el corazón de Anatolia.

La conservación y canonización de la literatura «clásica» babilónica no fue la única contribución del período Kasita. Prueba de ello es que los escribas babilonios de la segunda mitad del II milenio a. C. produjeron también obras nuevas y originales, en especial en el ámbito de la literatura sobre sabiduría. A esta época se atribuyen dos grandes textos sapienciales, a saber: el *Justo Doliente* y la *Teodicea*.

La primera composición se estructura en forma de diálogo entre el justo doliente y su sabio amigo, que representan dos formas distintas de ver la misma realidad, es decir, dos actitudes ante la vida. Uno es emotivo y pesimista, mientras que el otro es racional y optimista.

La segunda obra, conocida también por las tres palabras acadias con las que da comienzo, *ludlul bêl nêmeqi* ('Alabaré al señor de la Sabiduría'), tiene como eje central la reflexión sobre las causas por las que el hombre justo y piadoso, en este caso un ex alto funcionario de la corte, es víctima de la desgracia. El relato sobre los males que afligen al infortunado es especialmente conmovedor: «[...] mi fuerza ha desaparecido, mi aspecto se ha ensombrecido, mi dignidad ha huido, mi protección se ha desvanecido. Presagios de miedo se han posado encima de mí. Me han echado de casa y vago sin rumbo [...]». Finalmente, a través de sueños y exorcismos, y de la intervención salvadora del dios Marduk, el protagonista recuperará su salud y su estatus social. Se trata, en resumen, de un profundo poema filosófico, que recuerda en algunos aspectos al Libro de Job, en el Antiguo Testamento.

En el ámbito religioso, el período Kasita no se caracteriza por aportar novedades destacables. Se han podido identificar los nombres de varios dioses del panteón kasita, pero no hay evidencias de que estas divinidades recibieran culto en Babilonia. Las únicas excepciones son las de Shuqamuna y Shumaliya, los dioses protectores de la familia real kasita, en cuya capilla en la ciudad de Babilonia tenía lugar el acto de la investidura real. Como en otros ámbitos, lo que parece claro es que los kasitas adoptaron como propio el panteón tradicional babilónico. La prueba de que esto es cierto, la encontramos en la nueva capital, Dur-Kurigalzu, donde la dinastía kasita levantó varios templos dedicados a divinidades mesopotámicas y construyó un zigurat, el edificio religioso que debía tener toda ciudad de prestigio en el país del Tigris y del Éufrates.

## LA SEGUNDA DINASTÍA DE ISIN Y LA EDAD OSCURA BABILÓNICA

Los tres siglos posteriores al hundimiento de la dinastía kasita están marcados por la sucesión de varias dinastías autóctonas. Este hecho era novedad en la historia de Babilonia, pues la hegemonía política había estado siempre en manos de estirpes de origen extranjero (amorreos y kasitas). El poder fue reclamado por una dinastía originaria de Isin, ciudad situada a poco más de cien kilómetros al sur de Babilonia. Así nació la dinastía de Isin (1154-1027 a. C.), llamada segunda para distinguirla de aquella otra que se había erigido como heredera de los reyes de Ur en los primeros años del II milenio antes de Cristo.

El declive y el desgaste que estaba sufriendo Babilonia se diluyó rápidamente con la llegada al trono de Nabucodonosor I (1126-1105 a. C.), el cuarto rey de la nueva dinastía. El principal acontecimiento de su reinado fue la victoria sobre el eterno enemigo elamita, un triunfo que le hizo célebre en la posterior tradición histórica y cultural babilónica. No obstante, es de suponer que la imagen de Nabucodonosor I como gran rey se vio aumentada, al menos en parte, por el sombrío período que le sucedió.

Babilonia necesitaba recuperar su prestigio y su fama a base de notables golpes de efecto. Así lo concibió Nabucodonosor I, que desafiando el riguroso verano de la región lanzó un ataque sorpresa contra Susa con el objetivo de neutralizar, de forma definitiva, el poderío militar de los elamitas. La mejor información sobre este éxito militar babilónico procede de una estela dedicada por el soberano a Shitti-Marduk, uno de sus más preciados comandantes. En la inscripción cuneiforme, escrita en un tono épico acorde con la hazaña lograda, puede leerse que:

> [...] la superficie de los caminos ardía como llamas. Los pozos estaban secos; el suministro de agua quedó cortado. Los caballos más finos y poderosos flaquearon, las piernas de los hombres más fuertes claudicaron. El eminente rey sigue adelante con los dioses de su parte, Nabucodonosor avanza y no tiene rival. No teme las dificultades del terreno [...].

Este triunfo llegó a su punto culminante con la ejecución de un gesto simbólico, pero de enorme significado para los babilonios. Después de un cuarto de siglo, la estatua de culto del dios Marduk, trasladada por los elamitas hasta Susa como botín de guerra, regresaba a su patria. La estatua del dios fue solemnemente devuelta al recinto del Esagil, su templo en la ciudad de Babilonia, y su culto fue retomado con una inusual fuerza. En una inscripción el propio rey evocó de la siguiente manera el regreso de la estatua a Babilonia:

> [...] Oh señor de Babilonia [Marduk], ¿cuánto tiempo residirás en el país del enemigo? [...] El señor de Babilonia escuchó las súplicas de Nabucodonosor y sus instrucciones descendieron del cielo hasta él [...]. «¡Llévame desde Elam hasta Babilonia, déjame, señor de Babilonia, librarte de Elam!»

La campaña y el regreso de Marduk a su templo marcarán un giro en la historia de Babilonia. Este acontecimiento fue inteligentemente manejado por el propio rey para fomentar su imagen de grandeza, presentándose ante sus súbditos como el restaurador de la moral y de los valores puramente babilónicos. De hecho, es probable que date de este momento la instauración del dios Marduk a la cabeza del panteón babilónico, aunque no hay unanimidad al respecto. En cualquier caso, lo que sí es cierto es que el triunfo de Nabucodonosor I y la veneración de la divinidad babilónica dieron lugar a la redacción de nuevos himnos y epopeyas. En el marco de este nuevo estatus del dios nacional babilónico entienden algunos especialistas la composición de una obra como la *Epopeya de la Creación*, un grandioso poema épico, escrito en honor de Marduk, que versa sobre la creación de los dioses y de la humanidad.

El final de la segunda dinastía de Isin alrededor del año 1027 a. C. es imputable a la debilidad de sus últimos soberanos, pero también a varios problemas llegados desde el exterior. Babilonia tendrá que hacer frente a un nuevo enemigo venido del oeste: los arameos. Una serie de malas cosechas empujaron a las poblaciones arameas, llamadas *aramû* en acadio, a buscar solución a su hambruna en regiones más ricas situadas al este, entre ellas Babilonia y Asiria. Durante más de un siglo, los arameos continuaron desplazándose hasta ambos países, donde llevaron a cabo el saqueo de las ciudades más prósperas, la rapiña de los campos y el pillaje en las principales rutas comerciales mesopotámicas.

Los arameos eran una población de pastores nómadas, organizada en tribus, que hablaba una lengua semítica occidental emparentada con el fenicio y el hebreo. La invasión aramea constituyó, como es evidente, el principal elemento perturbador para Babilonia en una etapa marcada por la oscuridad, el caos y la anarquía. Prueba de la inestabilidad política reinante es la rápida sucesión de varias dinastías entre el 1026 y el 900 a. C. Algunos autores piensan que este ambiente de decadencia fue la fuente de inspiración de Kabti-ilani-Marduk, el autor de la gran epopeya dedicada a Erra, el terrorífico dios mesopotámico de la peste y de la guerra. La obra es una reflexión sobre la destrucción generada por los conflictos armados. Esta violencia ponía en riesgo el orden del mundo, que en Babilonia estaba garantizado por el dios Marduk. Parece que el desolador panorama descrito por el *Poema de Erra* no debía de estar lejos del vivido por Babilonia entre finales del II y comienzos del I milenio a. C.:

¡Esta ciudad a la que te envío, hombre, no respeta a ningún dios, ni teme a nadie, mata tanto a pequeños como a grandes, sin dejar ni un solo bebé, aunque sea un niño de pecho! ¡Por ello, apodérate de todos los tesoros acumulados en Babilonia!.

## BABILONIA A LA SOMBRA DE ASIRIA

Las relaciones entre Asiria y Babilonia en los primeros siglos del I milenio a. C. pasaron por diversos estadios, que van desde los acuerdos de respeto mutuo a la dominación, mediante vasallaje, de la primera sobre la segunda. Hasta los años 814-811 a. C. los dos estados mesopotámicos fomentaron una política de amistad y de ayuda recíproca ante los problemas internos y la amenaza aramea. Esta estrategia se tradujo en el intercambio de hijas en matrimonio, con el objetivo de estrechar los lazos entre ambas familias reales, y en la firma de varios tratados. De este modo, cuando en el 851 a. C. estalló una revuelta en Babilonia, el rey asirio Salmanasar III envió un ejército para reafirmar el poder de su colega, el rey Marduk-zakir-Shumi I. El soberano babilónico fue consolidado en su trono, de manera que fue capaz de auxiliar al nuevo rey de Asiria —Shamshi-Adad V— amenazado por una revuelta que asolaba su país desde el 826 a. C. Pero esta época de concordia dará un giro radical a partir del 814 a. C. En aquella fecha, Asiria rompió la entente de forma unilateral con la actuación destructiva de Shamshi-Adad V sobre Babilonia, que dejó el campo libre a las tribus caldeas instaladas en el sur. Durante el siguiente siglo y medio, Babilonia se convirtió en escenario de la rivalidad entre una Asiria con una mentalidad cada vez más imperialista y unas tribus caldeas que aspiraban a conseguir su independencia política. De este conflicto nacerá finalmente, en el 626 a. C. un nuevo Estado, que conocemos como neobabilónico o caldeo.

¿Quiénes eran los caldeos? Se trata de una población mal conocida de semitas occidentales, en su origen nómadas, que se asentaron en el extremo sur de la Baja Mesopotamia en los comienzos del I milenio a. C. Además de su origen exacto, desconocemos cuándo exactamente y por qué penetraron en Mesopotamia, ya que sólo empezamos a tener noticias de ellos una vez instalados en el sur de Babilonia, donde practicaban la agricultura y controlaban las rutas comerciales con el golfo Pérsico. De hecho, la primera referencia escrita que tenemos sobre este pueblo, llamado *kaldu* en lengua acadia, procede de una inscripción asiria fechada en el año 872 a. C. Los textos de la época describen a los caldeos como una serie de tribus agrupadas en cinco confederaciones, denominadas 'casas', que estaban gobernadas por una especie de rey. De ellas, las tres más importantes fueron las casas, llamadas *bît* en acadio, de Amukkani, Dakkuri y Yakin, verdaderos principados incluidos en el tejido político babilónico. Su buena organización y su pujante economía permitieron a algunos príncipes caldeos llegar a ocupar el trono de Babilonia en los siglos VIII y VII antes de Cristo.

La brutal intervención militar del rey asirio Shamshi-Adad V tuvo como principal consecuencia un inquietante vacío político en Babilonia entre el 811 y el 769 a. C., durante el cual la ciudad mesopotámica vivirá sumida en el caos. Así lo corrobora el hecho de que durante cuarenta años no tengamos constancia de ningún verdadero rey en el trono babilónico. «No había un rey en el país», afirmaba una crónica de la época. Un cierto atisbo de recuperación política se hará palpable en los veinte años siguientes, cuando dos reyes de origen caldeo se hagan con el poder en Babilonia.

Esta situación de inestabilidad va a cambiar de forma radical con la llegada al trono de Asiria, en el 745 a. C., de un enérgico soberano llamado Tiglat-piléser III. El nuevo rey asirio tenía entre los objetivos centrales de su reinado el desarrollo de un ambicioso programa de conquistas con el que engrandecer política y territorialmente a su país. De acuerdo con este proyecto, Tiglat-piléser III se proclamó rey de Babilonia en el año 728 a. C. Con su ascenso al trono, Babilonia entraba en una nueva fase de su historia, marcada por el control directo del Estado asirio, que instaló en su trono reyes según su conveniencia.

Asiria ensayó tres soluciones con respecto al control del trono babilónico: el propio rey asirio gobernaba sobre los dos países a la vez, un príncipe asirio (hijo o hermano del rey) dirigía los destinos de Babilonia, o bien la responsabilidad recaía sobre un príncipe babilonio fiel a los intereses asirios. Babilonia se situaba, a excepción de breves interrupciones, bajo la sombra de Asiria, a pesar de que ninguna de las tres opciones aseguró una paz duradera entre ambos estados. La mejor muestra es que las revueltas fueron frecuentes, en particular las patrocinadas por los caldeos. Babilonia tuvo que sufrir, en varias ocasiones, la brutalidad de los ejércitos asirios.

Marduk-apla-iddin II, que aparece en la Biblia con el nombre de Merodak-Baladán, es una de las figuras más representativas de la fuerte resistencia que las tribus caldeas de la región babilónica opusieron a la dominación asiria. Aprovechando la inestabilidad política vivida por Asiria a la muerte del rey Salmanasar V, en el 722 a. C., el príncipe Marduk-apla-iddin II consolidó su autoridad sobre el conjunto de las tribus caldeas y se hizo con el trono de Babilonia. Su reinado tuvo una duración de doce años (721-710 a. C.), hasta

Estela del rey Marduk-apla-iddin II, h. 715 a. C. Es el personaje representado a la izquierda, que aparece vestido según la moda babilónica.

que el rey asirio Sargón II en una serie de enérgicas campañas acabó con el poder de un soberano al que consideraba un usurpador. Pero el monarca caldeo no cejará en su empeño por recuperar el trono babilónico, algo que conseguirá en el 703 a. C., aunque sólo sea durante unos meses, tras la muerte de Sargón II.

La respuesta a la afrenta caldea no se hizo esperar y en el 702 a. C. Senaquerib, el nuevo monarca asirio, restauró el férreo control sobre Babilonia. A partir de esta fecha, la ciudad estaría presidida por virreyes sometidos directamente al soberano de Asiria. Senaquerib colocó entre ellos a su propio hijo Assur-nadin-shumi, que entre el 699 y el 694 a. C. gobernó en Babilonia. Pese al sólido dominio asirio, los babilonios se sublevaron una vez más y consiguieron deponer al virrey, que fue entregado a los elamitas. La venganza por esta traición sería terrible y marcaría un hito dentro de la historia de Babilonia.

Senaquerib, enfurecido por el asesinato de su primogénito, arrasó literalmente los cimentos de la gran urbe mesopotámica en el año 689 a. C. La estatua de Marduk, el dios tutelar de la ciudad, fue trasladada en cautividad a Nínive, la capital de Asiria. El relato de su campaña expresa muy bien su intención de aniquilar a Babilonia:

> [...] la ciudad y sus casas, desde sus cimientos hasta sus techumbres, destruí, devasté, incendié. La muralla exterior e interior, templos y dioses, el zigurat de ladrillos y tierra, todo lo que había derribé y los escombros arrojé al Éufrates. En medio de la ciudad, excavé canales e inundé su territorio con agua, y destruí sus cimientos.

Aunque es difícil separar lo propagandístico de lo real en esta narración, lo que sí es cierto es que este hecho histórico, por su trágico simbolismo, enraizó en la memoria colectiva de los pueblos del Próximo Oriente antiguo. Es posible que el oráculo del profeta Jeremías sobre la destrucción de Babilonia haya tenido como fuente de inspiración tan desolador acontecimiento: «Ha subido contra Babilonia el mar, con el cúmulo de sus olas la ha cubierto, sus ciudades se han trocado en un desierto, tierra árida y estepa, en las que no habita hombre alguno, ni por las cuales pasa hijo del hombre» (Jer 51).

La destrucción y el saqueo de Babilonia impresionaron tanto a babilonios como a asirios por su extrema dureza. Los sucesores de Senaquerib invirtieron grandes esfuerzos en reconstruir la ciudad con la idea de aplacar, lo antes posible, el odio que anidaba en los corazones de sus habitantes. Este giro de la política asiria se hará palpable con la llegada al trono del rey Asarhadon (680-669 a. C.), que invertirá un gran esfuerzo en la reedificación de los principales monumentos religiosos, entre ellos el zigurat. «Restauré las imágenes de los grandes dioses y las coloqué de nuevo en sus santuarios para la eternidad», nos relata el propio rey asirio en un texto.

Asarhadon nombró en vida a sus hijos Asurbanipal y Shamash-shum-ukin príncipes herederos de Asiria y Babilonia respectivamente. A su muerte, Shamash-shum-ukin heredó el trono del país babilónico, donde reinó entre el 668 y el 648 a. C. Su papel como monarca subordinado al poder de su hermano, el nuevo rey de Asiria, fue origen de no pocas desavenencias. Tal era la tensión entre ambos hermanos, que en el 652 a. C. Shamash-shum-ukin se sublevó contra Asurbanipal, apoyado por varios enemigos de Asiria. La nueva insurrección se tradujo en un terrible asedio

Dibujo de la estela del rey Asarhadon hallada en Zincirli (Turquía). En el relieve central aparece el soberano asirio celebrando su victoria sobre el faraón egipcio Taharqa en el 671 a. C. y en los laterales sus dos hijos: a la derecha, Asurbanipal, el príncipe heredero de Asiria, y a la izquierda, Shamash-shum-ukin, el príncipe situado en Babilonia. Cada príncipe viste según la moda del país al que representa.

a la ciudad –durante tres largos años– por parte del ejército asirio, que terminó en el verano del año 648 a. C. Tras la cruenta lucha fratricida, Babilonia caía nuevamente en manos del Imperio asirio, mientras el insurrecto Shamash-shum-ukin perecía en el incendio de su propio palacio.

Después de una severa represión, Asurbanipal situó en el trono de Babilonia a un rey de nombre Kandalanu. A pesar de que la información sobre este nuevo soberano es muy escasa, algunos autores creen que Asurbanipal y Kandalanu son la misma persona. Otros investigadores piensan, por el contrario, que era un rey vasallo posiblemente de origen babilónico. En cualquier caso, sin obviar la oscuridad de la situación, lo que sí parece más fácil de demostrar es que, durante los veinte años de duración de su reinado (647-627 a. C.), Babilonia conoció una relativa tranquilidad y una destacable recuperación económica. La muerte de Kandalanu y Asurbanipal sobrevino el mismo año, en el 627 a. C., lo que ha contribuido a alimentar el debate sobre la identidad de ambos personajes.

El mantenimiento de la dominación asiria de Babilonia se vio dificultado por los problemas políticos internos existentes en la propia Asiria. Esta coyuntura fue aprovechada por el príncipe de posible origen caldeo Nabopolasar, que se hizo con el título de rey de Babilonia en el año 626 a. C. Con este monarca se inauguraba una nueva etapa de la historia de Mesopotamia, en la que Babilonia se convertiría en la urbe más famosa del mundo antiguo y Nabucodonosor II, su hijo, en su soberano más célebre. Había nacido el Imperio neobabilónico.

# 4

# Nabucodonosor II, el último gran rey de Babilonia

En el año 625 a. C., tras la muerte del rey asirio Asurbanipal, se estableció en el trono de Babilonia una nueva dinastía, que dio origen al período que tradicionalmente conocemos como Imperio neobabilónico o caldeo. Sin embargo, el uso de esta última denominación debe ser, cuando menos, matizado. El término «caldeo» ha sido utilizado por los autores clásicos y bíblicos para referirse a la última dinastía de Babilonia, aunque en ambas fuentes «caldeo» es entendido simplemente como sinónimo de 'babilónico' y sin un significado étnico. A pesar de que no hay, por el momento, pruebas inequívocas de que el fundador de la dinastía, Nabopolasar, y sus sucesores fueran de origen caldeo, la tradición historiográfica ha hecho que la expresión Imperio caldeo haya sido asumida como cierta. En cualquier caso, este período (626-539 a. C.) constituyó, desde el punto de vista político, la última dinastía autónoma de la historia de Mesopotamia, antes de la integración de Babilonia en los Imperios persa aqueménida, macedonio y helenístico. La dinastía estuvo marcada por los reinados, de desigual duración, de seis monarcas entre los que el más célebre fue el rey Nabucodonosor II.

Las fuentes escritas para estudiar la historia del Imperio neobabilónico son numerosas y variadas en lo que se refiere a su origen, función y temática. Además, de las miles de tablillas cuneiformes de arcilla (sobre todo cartas, contratos y documentos administrativos) halladas en los archivos de palacios, templos y viviendas particulares, las crónicas, las inscripciones de fundación, las inscripciones rupestres, algunos textos literarios, etc., contamos con el testimonio de los historiadores de la época clásica, del Antiguo Testamento, e incluso de algún fragmento de los famosos manuscritos del mar Muerto. Entre los autores clásicos, cabe destacar la descripción de la ciudad de Babilonia del historiador griego Heródoto (s. V a. C.), el relato de Beroso, un sacerdote babilónico que en el siglo III a. C. escribió una historia de su país en griego, o el *Canon de Tolomeo*, que nos proporciona en el siglo II a. C. una lista de los soberanos neobabilónicos con la duración de sus respectivos reinados. Por su parte, la Biblia nos relata las campañas de Nabucodonosor II contra el reino de Judá.

A toda esta información textual, hay que añadir la importantísima documentación aportada por los arqueólogos alemanes, que desde el año 1899 excavaron intensamente en el campo de ruinas de Babilonia. Durante dieciocho años de trabajos prácticamente ininterrumpidos se sacaron a la luz los principales monumentos (murallas, palacios, templos, avenidas, etc.) de la ciudad construida por los reyes neobabilónicos. El esplendor de la antigua Babilonia renacía de su olvido milenario a golpe de pico.

A partir de estas fuentes, los historiadores pueden reconstruir, aunque de forma desigual, las grandes etapas que conforman los ochenta y siete años de historia del Imperio neobabilónico.

## NABOPOLASAR, FUNDADOR DE UN NUEVO IMPERIO

Aprovechando los problemas sucesorios que vivió Asiria a la muerte del rey Asurbanipal, Nabopolasar (626-605 a. C.) se sublevó y se proclamó rey de Babilonia, inaugurando la undécima dinastía de la ciudad. Lamentablemente, los acontecimientos ocurridos en los primeros diez años de su reinado son difíciles de reconstruir por la falta de testimonios, a pesar de tratarse de una etapa crucial en lo que respecta al control de la región. El nuevo monarca invirtió un gran esfuerzo para consolidar su proyecto político y derrotar definitivamente a los asirios. En el 616 a. C. el rey babilonio había logrado ya dominar los focos de oposición interna y, con enorme ambición, lanzarse a la conquista del corazón de Asiria. En esta empresa de envergadura, contó con la ayuda de un poder emergente en el vecino Irán, los medos. Sobre las ruinas de Asur, la vieja capital asiria, Nabopolasar estableció un acuerdo de colaboración con el líder medo, Ciaxares (625-585 a. C.), según el cual ambas partes participarían en la derrota del Imperio neoasirio y en su reparto territorial. Así, en el verano del 612 a. C., medos y babilonios llevaron a cabo el asedio de la ciudad de Nínive, la capital de Asiria, que finalmente fue incendiada y el rey Sin-shar-ishkun asesinado. Su sucesor en el trono, Assur-uballit II, se refugió en Harran, en el sureste de la actual Turquía, donde organizó un foco de resistencia que apenas sobrevivió un par de años. La estatua del dios Asur fue llevada en cautividad a Babilonia por los vencedores, como años antes habían hecho los asirios con la de Marduk. La historia de Asiria había llegado a su final. Se iniciaba su proceso de «babilonización».

La caída de Nínive fue un hecho histórico extraordinario, que convirtió a los babilonios en los principales herederos de su vasto imperio. Este evento no pasó desapercibido en las tradiciones proféticas bíblicas: «Luego extenderá su mano contra el norte, y destruirá Asiria, y convertirá a Nínive en una desolación, un lugar árido cual desierto», puede leerse en el Libro del profeta Sofonías (2, 13).

El faraón Necao II (610-595 a. C.), preocupado por la ascensión imparable de Babilonia, intentó ayudar a los asirios y sacar de paso provecho de su debilidad, con el oculto objetivo de restablecer el tradicional dominio egipcio sobre la región sirio-palestina. Pero los babilonios, herederos del difunto Imperio asirio, no estaban dispuestos a ceder ningún territorio. Así, en el año 605 a. C., Nabucodonosor, aún príncipe heredero, obtuvo una trabajada victoria ante los egipcios en Karkemish, ciudad situada en la orilla derecha del Éufrates. «Nabucodonosor [...] se puso al frente de sus tropas, marchó sobre Karkemish, en la ribera del Éufrates, atravesó el río al encuentro del ejército de Egipto, que tenía sus acuartelamientos en Karkemish, y libró batalla. Combatieron, y el ejército de Egipto se batió en retirada delante de él [...]», nos relata una crónica neobabilónica. De esta victoria babilónica también se hace eco el profeta Jeremías (46, 2) en un oráculo: «Contra el ejército del faraón Necao, rey de Egipto, que se hallaba junto al río Éufrates, en Karkemish, y a quien Nabucodonosor, rey de Babilonia, batió el año cuarto de Joaquim, hijo de Josías, rey de Judá».

La ofensiva babilónica prosiguió y las tropas egipcias en retirada sufrieron una nueva derrota cerca de Hamat, en la Siria occidental. La campaña se vio, sin embargo, interrumpida al conocer Nabucodonosor la muerte de su padre Nabopolasar. La noticia obligó al príncipe babilónico a regresar a palacio rápidamente en septiembre del año 605 a. C. El prestigio de su doble victoria sobre Egipto contribuyó, sin duda, a facilitar el proceso sucesorio entre padre e hijo que, por otro lado, era la norma habitual en la monarquía mesopotámica. Se convertía así en el rey Nabucodonosor II. Con él empezaba un nuevo y próspero ciclo para la historia de Babilonia, que se prolongaría durante más de cuarenta años.

## NABUCODONOSOR II, RETRATO DE UN GRAN MONARCA

La mitad de la duración del Imperio neobabilónico estuvo ocupada por un solo reinado, el de Nabucodonosor II, que gobernó en Babilonia durante cuarenta y tres años (605-562 a. C.), una cifra muy similar a la de su lejano y prestigioso antecesor, el rey Hammurabi (1792-1750 a. C.). Nabu-kudurri-usur, que en acadio significaba más o menos 'Oh dios Nabu, protege mi descendencia', era el verdadero nombre de este rey, que sin embargo es más conocido como Nabucodonosor, la forma bíblica de su nombre. De hecho, la Biblia, concretamente el segundo Libro de los Reyes, el de Jeremías o el de Daniel, e incluso la famosa ópera *Nabucco*, de Verdi, han contribuido mucho a la vulgarización de este carismático monarca babilónico. Tal fue su fama, que algún autor, como el jesuita Juan de Mariana, llegó a escribir en 1601, aunque sin fundamento histórico alguno, que el rey Nabucodonosor II había llegado hasta Cádiz para vengar el apoyo que esta ciudad fenicia había brindado a su metrópoli, Tiro −en el actual Líbano−, en su sublevación contra los babilonios.

Tres grandes soberanos de la historia de Mesopotamia fueron los modelos de inspiración de Nabucodonosor II, a saber: Sargón de Acad, fundador del primer imperio de la historia hacia el 2334 a. C., Hammurabi, rey justo y engrandecedor del nombre de Babilonia y de su dios Marduk, y por último Nabucodonosor I, vencedor de los

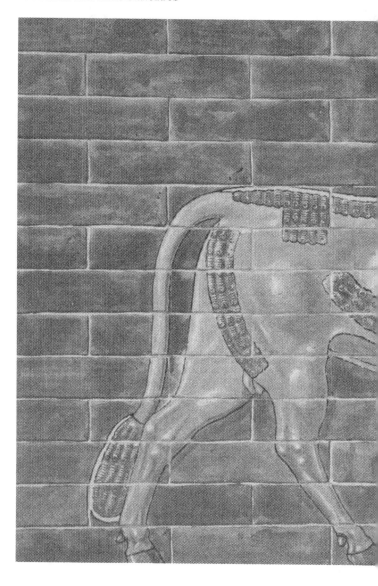

Dibujo de un toro policromado que decoraba la Puerta de Ishtar, en Babilonia, en la época del rey Nabucodonosor II.

elamitas y de quien tomó su nombre. A partir del prestigio que destilaban estos monarcas, Nabucodonosor II creó su propio modelo de rey, en el que se nos presenta como un gran conquistador, un hombre justo, un devoto de Marduk y un infatigable constructor.

Nabucodonosor II dominó, como veremos más adelante, gran parte del Próximo Oriente, ganándose el respeto de las otras dos potencias de la época: egipcios y medos. Se presentaba, además, como un «rey de la justicia», a modo de un segundo Hammurabi. Toda esta ambición política y territorial se hará también visible en el ámbito artístico, donde se tradujo en el patrocinio de grandes programas de construcción y reconstrucción, entre ellos el de la gran Babilonia. De la magnificencia y belleza de la urbe mesopotámica se hicieron eco numerosas inscripciones cuneiformes de fundación, así como el Antiguo Testamento y los autores clásicos. El propio rey mandó grabar el siguiente texto, en el que se refería a la construcción de la espectacular Puerta de Ishtar en Babilonia:

> En todas las puertas instalé umbrales y goznes de mineral fundido. Erigí toros salvajes y dragones furiosos en el interior de las puertas, las doté con magnificencia y suntuosidad para que toda la Humanidad las contemple con asombro.

En su faceta de rey conquistador, Nabucodonosor II organizó grandes operaciones militares con el objetivo de consolidar y extender el Imperio neobabilónico, para situarlo a la cabeza del Próximo Oriente y conseguir que fuera comparado por su grandeza con el de Hammurabi. Así, tras vencer, como ya vimos, a las tropas egipcias en el 605 a. C., el monarca diseñó un metódico programa de conquistas de la región sirio-palestina y de presión sobre

Egipto, entre los años 604 y 568 a. C. Lamentablemente, la crónica babilónica no se ha conservado para los treinta y dos años que siguen al 594 a. C., es decir, la mayor parte de su reinado. Las inscripciones en las que el rey celebra las numerosas construcciones levantadas en Babilonia y en su geografía inmediata nos hacen pensar en una época de paz.

Esa imagen no parece corresponder con la realidad, pues el Antiguo Testamento demuestra, por el contrario, que las intervenciones militares de Nabucodonosor II continuaron tanto en Palestina como en Egipto. De las frecuentes campañas en la región, la que más trascendencia tuvo fue, sin duda, la relacionada con la toma de Jerusalén en el 597 a. C. La sublevación de Joaquim y de su hijo Joaquín, reyes ambos de Judá, contra el poder babilónico acabó con el saqueo y la destrucción de la ciudad de Jerusalén. El rey, su familia, y la élite judaíta fueron llevados en cautividad hasta Babilonia y Nabucodonosor II situó al frente del país a Sedecías (597-586 a. C.), un tío de Joaquín. De estos hechos, que dieron paso al que se conoce como el período Exílico del pueblo israelita, da buena cuenta el Libro Segundo de los Reyes:

> Deportó así mismo a Babilonia a Joaquín, y también a la reina madre, a las mujeres del rey, sus eunucos y los magnates del país llevó cautivos a Babilonia e igualmente a todos los guerreros esforzados, en número de siete mil; los herreros y los cerrajeros, en número de mil, toda gente valiente y apta para la guerra; el rey de Babilonia los condujo cautivos a esta ciudad. Y el monarca de Babilonia entronizó como rey, en lugar de Joaquín, a Matanías, tío de este, a quien mudó el nombre en el de Sedecías.
>
> II Re 24, 15-17

Este mismo episodio fue recogido, aunque de forma lacónica, por la crónica babilónica: «Año 7, en el mes de Kislev [diciembre del 598 a. C.], el rey de Acad [Babilonia] reunió sus tropas y marchó contra Hatti [Siria-Palestina] y estableció sus acuartelamientos frente a la ciudad de Yahudu [Jerusalén]. En el mes de Addar, el segundo día [15-16 marzo del 597 a. C.], tomó la ciudad y apresó al rey. Instaló un rey de su elección. Tomó un enorme tributo y regresó a Babilonia». La crónica nada dice, sin embargo, sobre la cuestión del exilio.

En el palacio sur de Babilonia, los arqueólogos alemanes encontraron un archivo de tablillas cuneiformes datadas entre los años 595 y 571 a. C. Estos textos tratan sobre la entrega al palacio y la posterior distribución de trigo, dátiles y aceite de sésamo. El aceite era repartido entre una serie de personas, cuyos nombres y títulos fueron bien registrados. La identidad de los beneficiarios del reparto de estas raciones de aceite de sésamo, cuya cantidad variaba en función de la categoría social del individuo, es muy interesante. Entre ellos figuraban Joaquín, el rey de Judá, y su familia, los mencionados deportados bíblicos a Babilonia. Se trata, por tanto, de una documentación de gran relevancia tanto para la historia bíblica como para la mesopotámica. Sin estos textos cuneiformes, entre los que destaca uno datado en el año 592 a. C., no tendríamos evidencias extra-bíblicas sobre la vida de Joaquín y sus súbditos en el exilio.

La histórica presencia egipcia en la franja sirio-palestina, combinada con la imposibilidad de Nabucodonosor II de humillar de forma incontestable a Egipto, hizo prender nuevamente los deseos de independencia de Jerusalén con respecto del yugo babilónico. Así, el nuevo faraón, Psamético II (595-589 a. C.), no escatimó esfuerzos en publicitar su contundente victoria sobre Nubia del año 591 a. C. entre la población de Siria-Palestina, con el objetivo de alimentar los sentimientos antibabilónicos en favor de su causa.

Sin embargo, Egipto infravaloró la reacción de Nabucodonosor II, y en enero del 587 a. C. este sitiaba por segunda vez la ciudad de Jerusalén. En julio del 586 a. C. los soldados babilonios abrieron una brecha en la muralla, junto a la puerta central, según nos relata Jeremías: «En el año undécimo de Sedecías, el mes cuarto, a nueve del mes, se abrió brecha en la ciudad. Y penetraron todos los jefes del rey de Babilonia y se asentaron en la puerta del medio [...]» (Jer 39, 2-3). Las excavaciones arqueológicas en Jerusalén han sacado a la luz pruebas fehacientes de este asedio a la ciudad, al encontrarse junto a la muralla y la gran puerta señales de fuego y numerosas puntas de flecha de bronce (pertenecientes al ejército babilonio) y de hierro (utilizadas por el judaíta).

Sedecías huyó de la ciudad, si bien finalmente fue capturado, torturado y deportado a Babilonia: «Pero el ejército de los caldeos marchó en persecución del monarca y le dio alcance en la llanura de Jericó, y entonces todo su ejército se dispersó junto a él. Prendieron, pues, al rey, y lo subieron donde el soberano de Babilonia, en Riblá, y pronunciaron sentencia contra él. A los hijos de Sedecías los degollaron en su presencia, luego mandó sacar los ojos a Sedecías, lo hizo esclavizar con cadenas y lo condujo a Babilonia» (II Re 25, 5-7), y «lo metió en la cárcel hasta el día de su muerte», añade el profeta Jeremías (Jer 52, 11).

Finalmente, en agosto del 586 a. C., la ciudad de Jerusalén fue devastada por las tropas babilónicas: «[...] Nebuzaradán, jefe de la escolta, servidor del monarca babilonio, vino a Jerusalén, y quemó el templo de Yahveh y el palacio real, y prendió fuego a todas las casas de Jerusalén, toda casa de persona

Vista actual de la ciudad de Jerusalén, que fue tomada en dos ocasiones por las tropas babilónicas en tiempos del rey Nabucodonosor II.

importante» (II Re 25, 8-9). Se produjo, a continuación, una nueva deportación de las gentes de Judá. Y de esta debió de nacer, años más tarde, una nueva localidad fundada cerca de Babilonia y llamada «Ciudad de Yahudu», el nombre en babilonio de Jerusalén, en recuerdo de la capital judaíta. La población llevaba en su mayor parte nombres judíos. Por el contrario, las gentes que permanecieron en Jerusalén se reorganizaron en torno a Godolías, nombrado gobernador de un territorio que pasó a ser provincia de Babilonia.

La situación se estabilizó definitivamente en Siria-Palestina después de la toma, tras un asedio de trece años, hasta el 573 a. C., de la ciudad fenicia de Tiro, que se había negado a pagar tributo a Babilonia, y tras la última tentativa infructuosa de los babilonios contra Egipto acontecida en el 568 a. C. La frontera entre ambas potencias quedó fijada a la altura de Gaza. Transcurridos treinta y siete años de su reinado, Nabucodonosor II había logrado llevar al Imperio babilónico a su máxima extensión, superando las dimensiones geográficas del creado tiempo atrás por Hammurabi.

Con el monarca neobabilónico la ciudad de Babilonia se convirtió en el centro económico, político, cultural y administrativo del Próximo Oriente. Nabucodonosor II fue el responsable de la transformación de Babilonia, la ciudad del dios Marduk, en la mayor urbe del mundo antiguo. A su reinado pertenecen obras tan importantes como la gran Vía Procesional, la Puerta de Ishtar o la reconstrucción del zigurat, entre otros monumentos. Además, por razones religiosas y políticas no escatimó esfuerzos en la restauración y el mantenimiento de los templos de las principales ciudades del imperio. Así, en las inscripciones de fundación, Nabucodonosor II se presenta como «el proveedor del Esagil y del Ezida», que son los grandes santuarios de Marduk en Babilonia y de su hijo, el dios Nabu, en la ciudad de Borsippa. El rey debía asegurar el buen estado y funcionamiento de los templos principales, pues la fama y el prestigio de Babilonia dependían en gran medida de la felicidad de sus grandes dioses.

## LOS SUCESORES DE NABUCODONOSOR II

Tras la muerte de Nabucodonosor II, ocurrida en el 562 a. C., Babilonia conoció un período de inestabilidad, representado por la rápida sucesión en el trono de tres monarcas efímeros: su hijo Amel-Marduk (561-560 a. C.), su yerno Neriglisar (559-556 a. C.), y su nieto Labashi-Marduk (556 a. C.). Este último soberano apenas reinó tres meses al ser víctima de un complot palaciego. El principal instigador de la revuelta parece haber sido Bel-shar-usur, el Baltasar del libro de Daniel, que instaló en el trono a su padre Nabonido con la idea de gobernar a la sombra de este hombre de avanzada edad y sustituirle en el futuro. Nabonido (556-539 a. C.), el último rey neobabilónico, era un usurpador sin legitimidad dinástica, ya que no tenía ninguna vinculación con la familia real. La madre de Nabonido era Adad-guppi, una mujer centenaria originaria de Harran, el que había sido el último reducto del Imperio asirio. Su biografía se ha conservado en la inscripción de una tumba, donde se relata su devoción al dios Sin, el dios Luna, que tenía sus principales templos en las ciudades de Harran y de Ur: «Sin, rey de los dioses, me miraste con tu favor y has hecho largos mis días, por eso déjame confiarte a Nabonido, rey de Babilonia, mi hijo. Mientras él viva no cometerá ninguna ofensa contra ti. Designa para él a los buenos espíritus protectores [...]», puede leerse en la citada inscripción

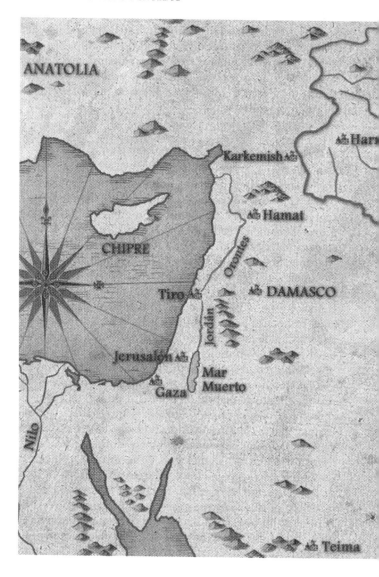

Principales ciudades del Próximo Oriente relacionadas con la expansión del Imperio neobabilónico.

funeraria. Estos lazos maternos que vinculaban al nuevo soberano con Harran y el dios Sin tuvieron, como veremos más adelante, una fuerte influencia en su política religiosa.

Por razones que desconocemos, a los pocos años de ser nombrado rey, Nabonido instaló como regente en Babilonia a su hijo Bel-shar-usur. Con la aparente tranquilidad de tener controlados los asuntos internos, Nabonido emprendió en el 551 a. C. una larga expedición que le condujo hasta el corazón de Arabia. Allí se instaló en el desierto de Teima durante diez años, dejando los asuntos de Babilonia en manos de su hijo. Se ha especulado mucho sobre los verdaderos motivos de este exilio, aparentemente voluntario, del rey babilónico en el desierto arábigo. En este sentido, se han avanzado varias hipótesis explicativas que se mueven entre lo político, lo económico y lo religioso. Es posible que tuviera lugar un conflicto de intereses políticos entre un rey anciano y su joven hijo, cuya ambición habría provocado el alejamiento del monarca hacia una región distante de Babilonia y de los núcleos vitales del imperio. Otra probable explicación responde a razones económicas y estratégicas, según las cuales Teima funcionaría como una base militar babilónica con la que controlar las rutas caravaneras procedentes del sur de Arabia y con la que asegurarse, por otro lado, la rendición y el control de otros oasis ricos. Por último, está la tesis religiosa, que es la que cuenta con más adeptos. Al igual que Harran, patria originaria de la madre del rey, Teima era un importante centro religioso consagrado al dios Luna, divinidad con la que el rey babilónico mantuvo una estrecha relación.

De acuerdo con lo relatado por Nabonido en varias inscripciones descubiertas en Harran y con otros textos posteriores a él, aunque de dudosa fiabilidad, algunos autores han postulado la idea de que el soberano intentó modificar la religión oficial babilónica, que tenía al dios Marduk a la cabeza del panteón, en favor del culto al dios luna Sin. Esta reforma que ponía en peligro el tradicional sistema religioso babilónico debió de provocar la oposición del clero, lo que degeneró a su vez en una serie de disturbios populares. Este descontento sería aprovechado por los persas para invadir la ciudad en el 539 a. C. Es probable, sin embargo, que se haya exagerado hasta cierto punto el papel de la nueva «teología imperial», basada en la defensa del dios Sin por parte de Nabonido, y el posterior descontento de su pueblo, ya que detrás de esta disputa religiosa lo que en realidad se ocultaba era un conflicto de intereses entre el rey y el poderoso clero de Babilonia. Tampoco se ha de perder de vista el hecho de que los testimonios al respecto son ambiguos e, incluso, partidistas.

Hasta hace bien poco, la principal información sobre la estancia del rey Nabonido en Arabia procedía de un texto cuneiforme redactado después de su reinado. Se trata de un texto de propaganda persa en el que se describe en términos negativos la obra del último monarca neobabilónico y se glorifica, por el contrario, a Ciro, el soberano aqueménida. El documento relata la devoción de Nabonido por Sin, su conducta impía hacia Marduk, y la construcción de fortificaciones y de una réplica de su palacio en Teima, en lo que hoy es Arabia Saudí. Las recientes excavaciones germanosauditas en Teima han sacado a luz importantes pruebas arqueológicas de la presencia babilónica en este oasis. Entre ellas, cabe destacar un fragmento de estela en la que aparece grabado un individuo ataviado según la moda real babilónica, con el vestido largo y la tiara cónica. La estela, esculpida en una piedra local, posee una inscripción babilónica, pero no ha conservado el nombre del soberano, que sin duda fue Nabonido. De hecho, en los alrededores de Teima se han descubierto varias inscripciones rupestres en las que

Reconstrucción actual de la Vía Procesional, en Babilonia. Por ella desfilaba la estatua del dios Marduk en la fiesta del Año Nuevo.

se puede leer en teimanita, un antiguo dialecto del noroeste de Arabia, «Nabonido, rey de Babilonia».

La estancia de Nabonido en Arabia tuvo notable influencia sobre la literatura bíblica, ya que sirvió de punto de partida para la leyenda sobre la locura de Nabucodonosor II, que nos relata el libro de Daniel. La narración del Antiguo Testamento habría cambiado el nombre del protagonista, el rey Nabonido, por el de Nabucodonosor, mucho más conocido en el ámbito bíblico por haber sido el responsable de la toma de Jerusalén en dos ocasiones. Así mismo, entre los famosos manuscritos del mar Muerto, en las cuevas de Qumran, ha aparecido un fragmento copiado en el siglo I a. C. y escrito en arameo, que lleva por título *La oración de Nabonido*. Redactado en primera persona, el mismo rey babilónico relata su enfermedad, su estancia en Teima, su curación y el perdón de sus pecados, así como la intervención de un adivino judío que le ordena reconocer al verdadero Dios. El texto interpreta la ausencia de Nabonido de Babilonia como el resultado de una enfermedad del rey, cuya curación le condujo a reconocer al dios de los judíos como el verdadero. *La oración de Nabonido*, menos legendaria que el relato de Daniel y probablemente más antigua, tiene sin embargo la misma finalidad: el rechazo de la idolatría frente a Dios.

En el año 541 a. C., después de diez años de ausencia, Nabonido regresó a Babilonia, ocupándose de promover el culto del dios luna Sin como la nueva religión oficial del Imperio babilónico, provocando la ya comentada ira de los sacerdotes de Marduk. Pero su atención se centró rápidamente en la situación que se estaba viviendo en la frontera oriental de Babilonia. En efecto, profundos cambios políticos estaban aconteciendo en la meseta iraní: un nuevo rey de origen persa, llamado Ciro, había logrado unificar a los pueblos de la región e iniciar las primeras campañas militares orientadas a construir el

Imperio aqueménida. Tras la conquista del reino de Lidia, en Anatolia occidental, en el 541 a. C., Ciro, apodado *el Grande*, dirigió su mirada al Imperio babilónico. Una rápida campaña acabó con los ejércitos de Nabonido. Las tropas babilónicas fueron derrotadas en Opis, cerca de la actual Bagdad. El 12 de octubre del 539 a. C., el ejército persa entraba en Babilonia y la región pasaba a ser una provincia de un vasto imperio cuyo centro de poder se encontraba, por primera vez, fuera de la antigua Mesopotamia.

## BABILONIA, CAPITAL CULTURAL: UNA REFLEXIÓN

Las excavaciones arqueológicas alemanas de principios del siglo XX han sido fundamentales para poder reconstruir la imagen de una ciudad tan importante como la Babilonia levantada en tiempos de Nabucodonosor II. No fue sólo la arquitectura monumental (murallas, palacios, templos, zigurat, etc.), sin duda el aspecto más deslumbrante y conocido de la urbe, el que volvió a ver la luz a raíz de estos trabajos de excavación. También fueron numerosos los objetos cotidianos hallados en los barrios residenciales y en los santuarios de la ciudad (cerámicas, figurillas de barro, joyas, sellos, herramientas, etc.). Se trata de piezas sencillas, que en la mayor parte de los casos han quedado ensombrecidas ante la espectacularidad de otros descubrimientos, a pesar de que son de gran utilidad para aproximarse al modo de vida de las gentes de la época. Sirvan de ejemplo los centenares de figurillas de arcilla sin cocer o de terracota, que representaban escenas de la vida cotidiana, seres divinos y humanos, animales, etc. Estos pequeños objetos suelen tener una función votiva o ritual en el marco de un culto doméstico y privado, que conocemos mal, a diferencia del culto oficial o de Estado del que nos informan bien los textos.

Junto a la cultura material, se encuentran las numerosas tablillas cuneiformes de arcilla halladas en diferentes archivos de Babilonia, (más de cinco mil) que nos ilustran sobre la vida económica y social, pero también acerca del pensamiento científico y cultural de aquellas gentes: la religión, la magia, la adivinación, la astrología y la astronomía, las matemáticas, la medicina, la literatura, etcétera.

Los autores griegos de la época clásica admiraron a los babilonios, en particular a los «sacerdotes y adivinos caldeos», por sus grandes conocimientos en el ámbito del pensamiento astronómico y matemático. Los astrónomos y astrólogos babilonios estaban especialmente interesados en la observación de los eclipses solares y lunares, en los equinoccios y los solsticios, así como en los movimientos de la luna y del planeta Venus. La principal contribución de la astronomía babilónica al progreso de la ciencia, fue la elaboración de textos que incluían cálculos matemáticos, de base sexagesimal, necesarios para conocer y explicar de forma racional los fenómenos celestes. Esta ciencia astronómica sirvió para realizar previsiones exactas sobre la luna, los eclipses y los planetas. Fue a mediados del I milenio a. C. cuando hicieron aparición en Babilonia los primeros calendarios zodiacales, formados por doce constelaciones, de los que se han conservado varios textos cuneiformes del siglo II a. C., copias de originales más antiguos.

El estudio conjunto de la documentación textual y arqueológica, constituye la única vía para lograr el éxito en el complejo proceso de reconstrucción de lo que fue –y significó realmente desde el punto de vista histórico y cultural– el Imperio neobabilónico. Para su correcta valoración y comprensión no se ha de perder de vista un hecho: la civilización babilónica fue el resultado de la acumulación de tradiciones milenarias. En otras palabras, no se puede entender culturalmente Babilonia sin volver la vista atrás, es decir, a los pueblos mesopotámicos que la antecedieron. Los propios babilonios de la época eran conscientes de la gran antigüedad de su civilización. Así el rey Nabonido, conocido en la moderna historiografía como «el rey-arqueólogo», fue una especie de anticuario y coleccionista de obras de arte mesopotámicas. El monarca neobabilónico invirtió grandes esfuerzos en la defensa y la recuperación de las tradiciones arquitectónicas y culturales más antiguas de la región, en especial de aquellas pertenecientes al glorioso Imperio de Acad. En particular sentía una profunda admiración por su fundador, el rey Sargón (2334-2279 a. C.), del que llegó incluso a descubrir y restaurar una estatua en la ciudad babilónica de Sippar.

Más de un siglo después del inicio de las excavaciones en Babilonia, quedan aún muchas cuestiones por aclarar sobre la cultura babilónica, bien por falta de información bien por tratarse de cuestiones que –debido a razones diversas– han sido poco o mal estudiadas por el moderno investigador. En los próximos capítulos intentaremos acercar al lector, desde una óptica crítica y renovada, a algunos de los monumentos artísticos más célebres de la Babilonia del I milenio a. C., que tanta fama dieron a la ciudad en la Antigüedad. ¿Quién no ha oído hablar de sus exuberantes Jardines Colgantes o de la gigantesca Torre de Babel? El gran problema para el investigador de hoy es que ambos monumentos están rodeados de un halo legendario que se entremezcla peligrosamente con lo histórico. En esta situación, la primera pregunta que habría de plantearse sería la siguiente: «¿Existieron efectivamente en Babilonia unos jardines aéreos y una gran torre cuya cúspide llegaba al cielo?». De ser así, ¿fueron realmente como algunos historiadores nos han mostrado? En las próximas páginas intentaremos desvelar algunas claves para comprender el impresionante legado cultural babilónico, que ya forma parte de nuestro patrimonio universal.

# 5

# La ciudad de Babilonia:
# centro del universo

Por diferentes motivos, Babilonia se había convertido a mediados del I milenio a. C. en el corazón espiritual e intelectual de la antigua Mesopotamia, brillando con luz propia sobre el mundo civilizado. Era el centro cósmico, el símbolo de la armonía del mundo, nacido de la pujanza de su dios supremo, Marduk, vencedor de las fuerzas del caos y organizador del universo. Este aspecto cosmológico está presente en la propia concepción arquitectónica de la ciudad, en cuyo centro neurálgico se levantaba desafiante su célebre torre escalonada.

Ninguna ciudad de la Antigüedad fue tan deseada y temida, admirada y deshonrada, devastada y reconstruida como esta. El prestigio de la ciudad era incomparable a los ojos de sus contemporáneos, como puede verse en algunos de los epítetos y de las funciones que le asignaban sus sabios a finales del II milenio a. C.:

> Babilonia, la pujanza de los cielos, [...]
> Babilonia, la ciudad donde el lujo es inagotable...
> Babilonia, la ciudad de la verdad y la justicia,

[...] Babilonia, la ciudad que une el cielo y el mundo inferior, [...] Babilonia, la ciudad que aniquila a sus enemigos, [...] Babilonia, la ciudad que ha recibido la sabiduría, [...] Babilonia, la ciudad santa, [...].

El principal fundamento escrito en la que reposa nuestro conocimiento sobre la organización urbana de la ciudad de Babilonia lo constituye una serie de textos topográficos escritos con caracteres cuneiformes. Este documento, llamado *Tintir* (en este caso, 'Babilonia'), nos ha llegado a través de varias copias tardías de un original compuesto probablemente a finales del II milenio a. C. Es una especie de inventario de los templos, las capillas y los altares, pero también de los barrios y calles por los que desfilaban las procesiones religiosas y, por último, de las murallas y las puertas que estaban bajo protección divina. Las tablillas Tintir IV y V nos han permitido, junto con los datos conocidos por las excavaciones, establecer un plano bastante preciso de la ciudad, donde es posible situar los barrios, los templos, las puertas y los principales ejes de circulación.

Entre las puertas, se citan las ocho siguientes: Zababa, Marduk, Ishtar (conocidas también por la arqueología), Enlil, del Rey, Adad y Shamash. Estas puertas pertenecían a un recinto amurallado, que había sido divinizado. La muralla interior recibía el nombre de *Imgur-Enlil* ('El dios Enlil ha mostrado su favor') y la exterior el de *Nimetti-Enlil* ('Muralla de Enlil'). En cuanto a las calles, la única que ha podido localizarse de forma exacta es la llamada *Ay-ibûr-shabû* ('Que el arrogante no pase'). Esta se corresponde con la célebre Vía Procesional que partía de la Puerta de Ishtar, pasaba por delante del palacio real y se dirigía, por último, al corazón de la ciudad. Este barrio central recibía el nombre

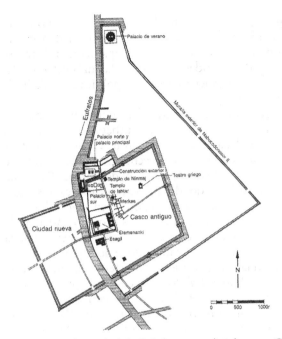

Plano de la ciudad de Babilonia en el siglo VI a. C.
(según J. Marzahn).

de Eridu, en honor del dios Enki y de la primera ciudad
mesopotámica donde descendió la monarquía antes del
diluvio. Eridu era el centro religioso de Babilonia. En
él se situaban catorce santuarios, entre los que se encontraban los más importantes: el Esagil, o templo bajo del
dios Marduk, y el Etemenanki, el zigurat que sustentaba
el templo alto de la misma divinidad.

La mayor parte de los restos arqueológicos que
conocemos en la actualidad pertenecen a la Babilonia
construida por el rey Nabopolasar (626-605 a. C.) y especialmente por su hijo Nabucodonosor II (605-562 a. C.),

167

para quien, entre todos los lugares habitados, no había una ciudad tan famosa como Babilonia. El reinado de este monarca cuenta entre sus principales logros la transformación de la ciudad en una de las más célebres del mundo antiguo, gracias a su activa política de embellecimiento urbano.

Estrechamente asociada al Éufrates, Babilonia era esencialmente una aglomeración urbana localizada en su ribera izquierda, a pesar que de salvará el río para establecerse también en la ribera derecha. Esta ubicación tiene una explicación. No es una cuestión de azar que Babilonia se ubique en el lugar donde la distancia entre los ríos Tigris y Éufrates, sin ser la más corta posible en la actualidad (el curso de ambos ríos ha variado), es pequeña. Además de controlar el gran eje de circulación fluvial que representaba el Éufrates y de tener garantizado el acceso, gracias a su posición en la ribera izquierda, al sistema de canales de la llanura meridional, Babilonia necesitaba aproximarse al Tigris, pues era una excelente vía de comunicación con Asiria y el país sumerio. De esta manera, Babilonia se funda en un cruce de caminos entre el sur (Súmer) y el norte (Mari, Asiria y otros reinos sirios noroccidentales).

La ciudad era inmensa. Su superficie total, contando sus arrabales, se acercaba a las mil hectáreas. Algo más de un tercio de este espacio (375 ha) lo ocupaba la ciudad propiamente dicha, que tenía una planta de forma más o menos rectangular y unas dimensiones de 1,5 por 2,5 kilómetros.

## LAS MURALLAS

El propio rey Nabucodonosor II habla en una de sus inscripciones de las fortificaciones que concibió para proteger la ciudad y sus suburbios:

[...] para que el frente de la batalla no se aproxime a Imgur-Enlil, el muro de Babilonia, algo que ningún rey había hecho antes que yo, alrededor de la periferia oriental de Babilonia, he construido un muro fuerte. Yo excavé el foso y el muro de paramento del foso con betún y ladrillos cocidos, yo lo construí tan alto como una montaña.

Este «muro fuerte», además de proteger el arrabal oriental, englobaba por el norte el llamado «palacio de verano» de Nabucodonosor. Era precisamente desde el norte y el este desde donde podían atacar los eventuales enemigos del Imperio babilónico. Este recinto amurallado estaba compuesto por tres muros de ladrillo y adobe más un foso relleno de agua.

Las murallas que han hecho famosa a Babilonia son las que protegían la ciudad propiamente dicha, y a las que el geógrafo griego Estrabón, en torno al cambio de era, situó entre las Siete Maravillas del mundo antiguo. Debían de ser tan impresionantes que, en el Antiguo Testamento, el profeta Jeremías (Jer 50 y 51) en su oráculo contra Babilonia se refiere hasta cuatro veces a la destrucción de las murallas de la ciudad mesopotámica.

El historiador griego Heródoto nos describe a mediados del siglo V a. C., aunque con errores en lo que se refiere a las medidas, la muralla y su proceso de construcción:

> Babilonia, una ciudad que es como sigue. Está situada en una gran llanura; forma un cuadrado y mide ciento veinte estadios por cada lado; el perímetro de la ciudad tiene en total cuatrocientos ochenta estadios [es decir ¡85 km!]. Tal es, pues, la extensión de la capital de Babilonia, y estaba adornada como ninguna otra de cuantas ciudades nosotros conocemos. Primeramente la rodea un foso profundo y

ancho, lleno de agua, y después una muralla que tiene cincuenta codos reales de ancho y de alto doscientos codos (el codo real es tres dedos más largo que el codo ordinario). Aparte de esto, debo decir aún en qué se empleó la tierra sacada del foso y de qué manera se construyó la muralla. A medida que abrían el foso, iban convirtiendo en ladrillos la tierra que sacaban del canal, y cuando hubieron moldeado bastantes ladrillos, los hicieron cocer en hornos; luego empleando asfalto caliente como mortero e intercalando lechos de cañas cada treinta hileras de ladrillos, construyeron primero las paredes del foso, y después, de la misma manera, la muralla propiamente dicha. Y en lo alto de las murallas, a lo largo de los bordes, edificaron unas casillas de un solo piso, las unas enfrente de las otras; y entre estas casillas dejaron espacio para circular una cuadriga.

*Historias I*, 178-179

La muralla de la ciudad interior tenía realmente ocho kilómetros de longitud. Consistía en dos muros de adobe, que como ya dijimos recibían los nombres de Imgur-Enlil y Nimetti-Enlil. Ambos muros estaban reforzados por torres situadas cada quince ó dieciocho metros, y a una veintena de metros del muro exterior se excavó un foso o canal de ochenta metros de ancho que estaba acompañado por un muro provisto de bastiones defensivos. La muralla se puede fechar, esencialmente, en los reinados de Nabopolasar, Nabucodonosor y Nabonido (626-539 a. C.), quienes no cesaron de restaurarla, según varias inscripciones cuneiformes conservadas:

En esta época, Imgur-Enlil, el muro de Babilonia [...] sus cimientos estaban inseguros, sus muros deformados, su cima estaba vacilante [...] yo [Nabonido] he reforzado sus cimientos [...].

La zona de la ciudad que limitaba con la ribera izquierda del río Éufrates estaba protegida también por un muro con bastiones. No se trataba de una muralla tan compleja como las ya vistas, pues el propio río ofrecía a la ciudad una cierta protección. Desconocemos, sin embargo, si la otra parte de la ciudad, la que se extendía en la ribera derecha, estaba protegida con algún sistema defensivo.

## EL PUENTE

El río Éufrates dividía el entramado urbano de Babilonia en dos sectores unidos por un puente que, según cuenta el historiador romano Quinto Curcio al describir los principales edificios de la capital mesopotámica, también se contaba entre las maravillas de Oriente. De la construcción del puente nos informan tanto Heródoto como Diodoro de Sicilia en sus relatos sobre la capital babilónica. Ambos autores clásicos atribuyen la obra a una reina, que el primero identifica con Nitocris y el segundo con Semíramis. He aquí la descripción de Heródoto:

> Como Babilonia constaba de dos partes y el río pasaba por en medio, en tiempos de los reyes anteriores, cuando uno quería pasar de una parte a otra, tenía que hacerlo en barca, y eso era, según yo creo, una molestia. Pues bien, esta reina [Nitocris] remedió también esto. En efecto, después que hubo excavado el lecho para el estanque, se sirvió de esa misma obra para dejar este otro monumento. Hizo cortar enor-

mes piedras, y cuando tuvo dispuestas las piedras y terminada la excavación, desvió toda la corriente del río hacia el lugar que había excavado; y mientras este se iba llenando, entre tanto, como el antiguo cauce estaba seco, por una parte hizo recubrir con ladrillos cocidos, dispuestos de la misma manera que en la muralla, las márgenes del río a su paso por la ciudad y las pendientes que conducen de las poternas al río, y por otra, aproximadamente en el centro de la ciudad, con las piedras que había extraído hizo construir un puente, uniendo las piedras con hierro y plomo. Y encima del puente extendía, cuando era de día, unas tablas cuadradas sobre las cuales hacían la travesía los babilonios; pero por las noches quitaban estas tablas, y ello para evitar que merodeando a favor de la noche, se robasen los unos a los otros.

*Historias I,* 186

Excavado parcialmente por los arqueólogos alemanes, el puente estaba formado por seis pilares en forma de nave, separados nueve metros entre sí. Otros dos pilares unían el puente, que tenía una longitud de ciento veintitrés metros, a los muelles. La obra era de ladrillo cocido unido con betún y demuestra el alto nivel técnico alcanzado por los constructores babilónicos.

## LAS PUERTAS Y CALLES

Las murallas internas disponían de ocho puertas para acceder a la ciudad. Sabemos que cinco de ellas llevaban el nombre de los dioses más importantes del panteón mesopotámico: Ishtar (la gran diosa del amor y de la guerra), Marduk (dios nacional babilónico),

Shamash (dios de la justicia), Adad (dios de la tormenta) y Enlil (la gran divinidad del panteón sumero-acadio). Otras dos puertas estaban dedicadas a divinidades de antiguos centros religiosos situados en la dirección que éstas indicaban: Zababa y Urash. La octava puerta era la del Rey. El emplazamiento de algunas ellas ha podido fijarse con exactitud y cuatro han sido excavadas: las de Marduk, Zababa, Urash e Ishtar.

En 1902, Koldewey llevó a cabo la excavación de la puerta más monumental de la ciudad, la dedicada a la diosa Ishtar, que ha sido reconstruida parcialmente en el Museo de Pérgamo, en Berlín. Hasta allí llegó embalada en cientos de cajas de madera, veinticuatro años más tarde, procedente de las excavaciones alemanas en Babilonia.

Un bloque de piedra caliza hallado en las cercanías de la Puerta contenía una inscripción cuneiforme que confirmaba la identificación de la misma con la gran diosa mesopotámica. Aunque la inscripción dedicatoria había sufrido algunos daños, se ha podido reconstruir de la siguiente manera: «[Yo soy Nabucodonosor, rey de Babilonia, hijo de] Nabopolasar, [rey de Babilonia.] [He construido] la Puerta de Ishtar con piedras vidriadas [de color azul] para Marduk, [mi] señor».

La Puerta se abría en el paramento norte del recinto interior de la ciudad, muy cerca del palacio real. De estructura compleja, estaba formada por tres pasajes sucesivos, defendidos a su vez por torres: una antepuerta destacada con respecto a la muralla, la puerta principal abierta en el muro exterior (Imgur-Enlil), y por último un paso estrecho y alargado en el muro interior (Nimetti-Enlil), antes de entrar en la ciudad. En su conjunto, la Puerta tenía una longitud de cuarenta y ocho metros y una altura máxima conservada (la parte superior se había derrumbado) de dieciocho metros.

La Puerta de Ishtar, hoy reconstruida en Berlín.

Relieve de un dragón de la Puerta de Ishtar, llamado *mushjushu* ('serpiente aterradora', en babilonio). Este animal fantástico era el símbolo del dios Marduk.

Las excavaciones arqueológicas han permitido establecer tres fases constructivas en la Puerta de Ishtar a lo largo del I milenio a. C.: la más antigua estaba decorada con ladrillos en relieve no esmaltados, la segunda presentaba ladrillos esmaltados sin relieve, y la tercera, atribuida a Nabucodonosor II (605-562 a. C.), era de ladrillos con relieve esmaltado. Esta última puerta estaba totalmente recubierta de ladrillos con esmalte azul y decorada con dragones y toros hechos con ladrillos en relieve de color blanco y marrón.

Existe una inscripción cuneiforme de Nabucodonosor II, reconstruida en la actualidad a la izquierda de la Puerta, en la que el monarca afirmaba que:

Las entradas a las puertas de las murallas Imgur-Enlil y Nimetti-Enlil habían quedado cada vez más bajas a raíz de los terraplenes en la Vía de Babilonia. [Yo Nabucodonosor] quité dichas puertas y, con asfalto y ladrillos, puse su fundamento a nivel de las aguas subterráneas; mandé hacer las nuevas puertas con ladrillos de piedra azul y preciosas figuras de toros y dragones. Como tejado, cubrí las puertas longitudinalmente de inmensos cedros. Los batientes eran de cedro con guarniciones de bronce. En todas las puertas instalé umbrales y goznes de mineral fundido. Erigí toros salvajes y dragones furiosos en el interior de las puertas, las doté con magnificencia y suntuosidad para que toda la Humanidad las contemple con asombro.

La Puerta de Ishtar estaba precedida por un tramo de la llamada Vía Procesional de Marduk o *Ay-ibûr-shabû*. Por ella desfilaba todos los años la estatua del dios Marduk en la fiesta del Año Nuevo. A lo largo de ciento ochenta metros, esta avenida estaba bordeada por una serie de murallas decoradas en su parte baja con unos frisos de leones, realizados con ladrillos esmaltados, que pertenecen a la tercera y última fase de construcción. Esta avenida era la espina dorsal de la ciudad: procedente de la Puerta de Ishtar formaba un gran eje que conectaba los puntos principales de la ciudad (palacio, Esagil y zigurat). El rey Nabucodonosor II describió de la siguiente manera los trabajos que mandó realizar en la Vía Procesional:

> Rellené hasta gran altura Ay-ibûr-shabû, la Vía de Babilonia, para la procesión del gran señor Marduk. Construí adecuadamente Ay-ibûr-shabû con losas de brecha y con losas de piedra de la montaña desde la puerta de Ellu hasta Ishtar-saki-pat-tebisha ['Puerta de Ishtar'] para la procesión de

su divinidad; la uní con la parte que construyó mi
padre y creé una calle magnífica.

El resto del sistema viario estaba dominado por
grandes arterias que partían de las puertas de la ciudad
y a las que se unían otros ejes de circulación secundaria. En este sentido, tenemos alguna documentación
procedente de la excavación del barrio de Merkés,
situado al este de la Vía Procesional. En esta zona de
Babilonia se ha podido atestiguar que la organización
interior de la ciudad respondía a un plano distribuido
en cuadrículas, lo que supone un pensamiento y un
diseño urbanístico anterior a la construcción. Sin ser
totalmente rectilíneas, las calles determinaban un
entramado ortogonal compuesto por bloques de viviendas de cuarenta a ochenta metros de lado. Según nos
cuenta Heródoto: «La ciudad propiamente dicha, que
se halla plagada de casas de tres y cuatro pisos, está
dividida en calles rectas, tanto las paralelas al río como
las transversales que a él conducen» (*Historias I*, 180).
El historiador griego alaba la regularidad del plano de
Babilonia, ya que en la Grecia de su tiempo la planta
de trazado hipodámico era aún poco conocida (sólo en
Mileto y en algunas colonias helenas).

## Los palacios

«Mi corazón no desea que mi residencia real
pueda estar en otra ciudad. En ninguna otra parte he
construido un palacio como sede de mi gobierno... En
la misma Babilonia no había ningún otro lugar digno
de mi realeza», de esta manera describía el rey
Nabucodonosor la localización del palacio real en el
interior de las fortificaciones de la gran urbe babiló-

Reconstrucción en 3D de la Puerta de Ishtar y de parte
de la Vía Procesional de Babilonia.

nica. Este monarca poseía tres palacios en Babilonia,
todos situados en la ribera izquierda del río Éufrates.
Dos de ellos estaban ubicados en la ciudad propiamente dicha:

- El palacio sur o meridional, en el interior del
  muro Imgur-Enlil, junto a la Puerta de Ishtar. Allí
  murió Alejandro Magno en el 323 antes de Cristo.
- El palacio norte o gran palacio estaba localizado
  inmediatamente al norte del anterior.
- El palacio de verano, a unos dos kilómetros al
  norte, estaba fuera de la ciudad y protegido por el
  muro exterior.

Vista general del palacio sur de Babilonia levantado
originalmente en tiempos de Nabucodonosor II (605-562 a. C.)
y reconstruido en los años ochenta del siglo pasado por
Sadam Husein.

De los tres complejos palaciales, el que mejor se conoce es el llamado palacio sur, cuya planta formaba un gran trapecio de trescientos veintidós por ciento noventa metros. Se extendía entre la Vía Procesional y un enorme bastión que lo protegía del cauce del Éufrates. Desde el punto de vista estructural está formado por la yuxtaposición de cinco unidades arquitectónicas desarrolladas alrededor de un espacio central. Este palacio constituye el complejo palacial más extraño del Próximo Oriente antiguo, ya que no se inspira en ningún modelo anterior. No tiene tampoco ninguna relación con los palacios asirios del I milenio a. C., que estaban regidos por unos principios muy estrictos. En opinión de algunos especialistas, el nivel excavado del palacio que se visita actualmente es, en realidad, el de los soberanos persas y no el de los reyes babilónicos.

El salón del trono, el lugar donde el rey realizaba las audiencias públicas, se encontraba abierto al tercer espacio central. A través de una especie de arco triunfal se accedía al patio, desde donde –por tres puertas– se entraba en la sala del trono, que tenía unas dimensiones enormes (50 por 16 m). Para cubrir tal espacio la pericia de los arquitectos babilónicos habría encontrado muchas dificultades, entre ellas, la de armonizar la altura de esta sala con un palacio concebido como un edificio de un solo nivel, según la moderna investigación. En realidad debió de tratarse de un edificio mucho más complejo y provisto de varios pisos.

La fachada de la sala del trono estaba revestida con ladrillos esmaltados como los utilizados en la Puerta de Ishtar. La decoración estaba compuesta por una serie de árboles estilizados, algunos motivos florales y geométricos y un friso de leones en relieve. Esta decoración encerraba una clara simbología. El árbol, la palmera, era signo de fertilidad y longevidad; el león, símbolo de la diosa Ishtar, representaba posiblemente la fuerza y la pujanza del rey.

## LOS JARDINES COLGANTES

En el ángulo noreste del palacio sur, se identificó durante las excavaciones alemanas una estructura arquitectónica particular, que consistía en una gran construcción formada por catorce salas alargadas, dispuestas en dos hileras y cubiertas por bóvedas. La presencia de pozos y conductos de agua hizo pensar a los arqueólogos de la época que se trataba de la infraestructura que había dado vida a los famosos Jardines Colgantes de Babilonia. Hoy se piensa, sin embargo, que se trata de una zona de almacenes cercana a la entrada del palacio y de la ciudad. Una prueba a favor de esta hipótesis fue el hallazgo de varias jarras y de un archivo con textos económicos, fechado en el reinado de Nabucodonosor II.

¿Dónde se encontraban los famosos Jardines Colgantes? ¿En qué parte de la ciudad estaba situada esta Maravilla de la Antigüedad? Se han propuesto varias alternativas, aunque sin argumentos concluyentes. Se ha pensado que podían estar ubicados en el gran bastión occidental que protegía el palacio de las crecidas del Éufrates. También, que las terrazas del zigurat eran un buen candidato para acoger estos jardines. Incluso se han dibujado bellas reconstrucciones que incluían norias o tornillos de Arquímedes, como sistema para la elevación del agua. Sin embargo, de ellos nadie ha encontrado huellas. Ante esta situación, la pregunta que cabe plantearse tal vez debería ser otra: ¿tuvo Babilonia unos Jardines Colgantes?

De entrada, llama la atención un hecho: ningún texto de los que conocemos del rey Nabucodonosor II (y son muchos) menciona tales jardines en Babilonia. El historiador griego Heródoto tampoco nos habla sobre ellos. Las únicas referencias escritas proceden de autores clásicos como Diodoro de Sicilia, Quinto Curcio, Estrabón o Flavio Josefo, que escribieron sus obras entre los siglos I a. C. y I d. C. Evidentemente ninguno de estos autores pudo ver con sus propios ojos los jardines , ya que en la época en la que vivieron Babilonia no era más que un campo de ruinas. A continuación, encontramos la descripción de Diodoro, que es una de las más completas que se escribieron el siglo I antes de Cristo:

Estaban también, junto a la acrópolis, los llamados Jardines Colgantes, obra, no de Semíramis, sino de un rey sirio posterior que los construyó para dar gusto a una concubina; dicen que esta, en efecto, era de raza persa y sentía nostalgia de los prados de sus montañas, por lo que pidió al rey que imitara, mediante la diestra práctica de la jardinería, el paisaje característico de Persia. Cada lado del parque tenía una extensión de cuatro pletros [unos 120 m]; su acceso era en talud, como el de una colina, y las edificaciones se sucedían unas a otras ininterrumpidamente, de modo que el aspecto era el de un teatro. Las terrazas fueron hechas de modo que bajo cada una de ellas quedasen pasadizos de fábrica, que soportaban todo el peso del jardín y se iban levantando en el escalonamiento, elevándose poco a poco los unos sobre los otros de un modo paulatino e ininterrumpido. El pasadizo superior, cuya altura era de cincuenta codos, soportaba la superficie más elevada del parque y estaba construido al nivel del circuito de las almenas. Además los muros, construidos sin ahorrar gastos, tenían un grosor de veintidós pies, y cada uno de los pasadizos un ancho de diez.

Las cubiertas estaban techadas con vigas de piedra que tenían una longitud de dieciséis pies contando con las solapas, y un ancho de cuatro. La techumbre sobre las vigas tenía primero una capa de cañas embadurnadas con gran cantidad de asfalto, después dos filas de ladrillos unidos con yeso, y recibía también como tercera cubierta una techumbre de plomo, para que la humedad de las terrazas no llegase abajo. Sobre estas se había acumulado un espesor de tierra suficiente para las raíces de los árboles de mayor tamaño; el suelo, una vez que fue nivelado, estaba lleno de árboles de todas las especies que pudiesen, por su tamaño o por otros atractivos, seducir el espíritu de los que los contemplasen. Los pasadizos, al recibir la luz por encontrarse los unos más elevados que los otros, contenían muchas estancias regias de todo tipo; había una que contenía perforaciones procedentes de la superficie superior y máquinas para bombear agua, mediante las cuales se elevaba una gran cantidad de agua del río sin que nadie situado en el exterior pudiese ver lo que ocurría.

*Biblioteca II*, 10

Es evidente, que los autores grecolatinos tenían muchas lagunas sobre la historia de Mesopotamia. De hecho, son frecuentes las confusiones entre lo asirio y lo babilónico. Por ejemplo, Diodoro sitúa Nínive, la capital del Imperio asirio, junto al Éufrates, cuando esta se localiza en realidad cerca del río Tigris. Además, en su descripción de las murallas de Babilonia el autor

Dibujo de un relieve en piedra hallado en el palacio norte del
rey asirio Asurbanipal (668-627 a. C.), en Nínive, en el que se
ven unos jardines regados por un acueducto construido
probablemente por su abuelo Senaquerib.

griego es víctima de una evidente confusión entre las ciudades de Babilonia y, posiblemente, Nínive:

> En las torres y murallas estaban representados animales de todas las especies con destreza técnica en el uso de los colores y en el realismo de las representaciones; el conjunto representaba una compleja cacería de todo tipo de animales salvajes, cuyo tamaño era de más de cuatro codos. En medio de ellos estaba representada también Semíramis lanzando desde un caballo un venablo contra una pantera, y junto a ella su marido Nino golpeando de cerca a un león con su lanza.
>
> *Biblioteca II*, 8

Esta descripción no encaja en absoluto con la decoración existente en Babilonia, donde no se ha encontrado ninguna escena de caza como las descritas por Diodoro. Sin embargo, concuerda muy bien con los relieves sobre cacerías hallados en el palacio de Asurbanipal (668-627 a. C.) en Nínive. A esta confusión ha podido contribuir el hecho de que algunos reyes asirios, como Senaquerib (704-681 a. C.), llevaran el título de rey de Babilonia. De este mismo monarca asirio, se encontró en Nínive un bajorrelieve donde se representan unos frondosos jardines regados por un acueducto. Todos estos datos, nos permiten apuntar la siguiente hipótesis: Babilonia no parece ser, pese a lo que indica la tradición clásica, la ciudad de los Jardines Colgantes. Por el contrario, el palacio de Senaquerib en la ciudad asiria de Nínive es un excelente candidato para localizar los famosos Jardines. Por este motivo, el rey Nabucodonosor II, que tantas obras de embellecimiento llevó a cabo durante su reinado en Babilonia, e incluso, Heródoto, en su detallada descripción de la ciudad, no se refieren a ellos, ya que al parecer nunca existieron.

## EL CENTRO RELIGIOSO: EL ESAGIL Y EL ETEMENANKI

El espacio reservado al culto en Babilonia era considerable, pues la ciudad contaba con cuarenta y tres templos principales, así como numerosas capillas y altares. El corazón religioso estaba ubicado en el barrio de Eridu, al sur del palacio meridional. En él se encontraban los dos santuarios más importantes: el Esagil y el Etemenanki. Ambos ocupaban una superficie de veinticinco hectáreas.

El Esagil, o 'Casa de la Alta Cúspide', era el santuario bajo del dios Marduk, que había sido levantado con ladrillos unidos con asfalto. Estaba formado por un edificio principal, de planta casi cuadrada (85 por 79 m), organizado en torno a un patio central. Alrededor de este se repartían las salas y galerías. A él se accedía a través de una puerta situada en cada uno de sus cuatro lados. Contaba, además, con un gran anexo localizado en la parte este y sureste. Koldewey sólo pudo excavar la parte oriental del santuario principal. En cambio, no trabajó en el ala oeste, donde con toda seguridad estaba el altar de Marduk. El resto de las salas estaban reservadas a los miembros de la familia de Marduk: a su esposa Zarpanitu y a su hijo Nabu, entre otros.

El Esagil, como sede del dios nacional babilónico, formaba parte activa de las fiestas y rituales que se desarrollaban en la ciudad a lo largo del año. La fiesta más importante era, evidentemente, la del Año Nuevo, llamada *akîtu* por los babilonios, que se celebraba al comienzo de cada primavera. Las habitaciones contaban con mobiliario para las cuatro comidas cotidianas de los dioses que vivían o visitaban el santuario durante la festividad, como relata el *Enûma elish* (o *Poema de la Creación*):

> Una vez terminaron la edificación del Esagil [...] a los dioses, sus padres, en su banquete sentó [Marduk]. ¡Esta es Babilonia, el sitio que es vuestro hogar! Holgaos en sus recintos, ocupad sus amplios [lugares]. Los grandes dioses ocuparon sus asientos, dispusieron libaciones festivas, se sentaron para el banquete. Después de que se hubieron holgado en el interior, [y] en el Esagil, el espléndido, hubieron ejecutado sus ritos, [y] las normas hubieron fijado [y] todos [sus] portentos, los dioses todos distribuyeron las estaciones del cielo y de la tierra.

Heródoto también nos aporta alguna luz, a través de la información que le proporcionaron los sacerdotes caldeos de Babilonia, sobre el mobiliario y los rituales practicados en el Esagil:

> Pero el santuario de Babilonia tiene abajo otra capilla, en la cual hay una gran estatua de Zeus [Marduk] sentado, de oro, y a su lado se halla una gran mesa de oro, y el pedestal y el trono son igualmente de oro; y, según decían los caldeos, estas piezas están hechas con ochocientos talentos de oro. Y fuera de la capilla hay un altar de oro, y además otro altar, grande, sobre el cual se sacrifican las reses adultas, ya que sobre el altar de oro únicamente se permite sacrificar a las lechales. Y sobre el altar mayor los caldeos queman todos los años mil talentos de incienso el día en que celebran la fiesta de este dios. Además, en la

época aquella de que hablo, había todavía en este recinto sagrado una estatua de doce codos, de oro macizo; yo no la he visto, pero repito lo que dicen los caldeos. Darío, hijo de Histaspes, puso sus miras en esta estatua, aunque no se atrevió a cogerla; pero Jerjes, hijo de Darío, la cogió e hizo matar al sacerdote que prohibía tocar la imagen. Tales son, pues, las bellezas que adornan este santuario, sin contar las muchas ofrendas particulares.

*Historias I,* 183

Junto al Esagil, se encontraba el gran zigurat o templo alto de Marduk, que había sido levantado en medio de una impresionante explanada rectangular (406 por 456 metros). Los babilonios lo llamaron Etemenanki ('Casa [que es el] Fundamento del Cielo y la Tierra'), un edificio más conocido en nuestros días con el nombre de Torre de Babel, gracias a la tradición bíblica. A este recinto sagrado se accedía por alguna de las doce puertas repartidas a lo largo del muro, que lo aislaba del resto de la ciudad.

En un reciente estudio, se ha demostrado la función que tuvo el Etemenanki como componente generador y coordinador del diseño urbanístico de la ciudad de Babilonia. Son numerosos los elementos de su trazado urbano que están ligados al zigurat. Su orientación norte-sur generó el emplazamiento tanto del límite oriental como del occidental de la ciudad. Sabemos que desde su aparición, bajo la tercera dinastía de Ur (h. 2100 a. C.), los zigurats se tornaron elementos claves de la vida religiosa en las ciudades mesopotámicas. Es probable que este monumento se convirtiera también en el motor de la organización urbana.

Reconstrucción en 3D del Etemenanki y de su recinto sagrado.

La historia de la gran torre escalonada de Babilonia es larga y compleja de establecer por la falta de datos seguros. Sin embargo, a tenor de la documentación arqueológica y textual disponible, podemos conjeturar la secuencia que muestra la siguiente tabla, referida a la historia del zigurat babilónico.

| HISTORIA DEL ZIGURAT DE BABILONIA: FASES DE CONSTRUCCIÓN, DESTRUCCIÓN Y RESTAURACIÓN | | |
|---|---|---|
| PERÍODO | DATACIÓN | PROCESO |
| Paleobabilónico | ¿Hammurabi? (1792-1750 a. C.) | Construcción del zigurat arcaico |
| Mediobabilónico | ss. XIV-IX a. C. | Hay algunas referencias escritas sobre su existencia. |
| Neoasirio | Senaquerib (689 a. C.) | Destrucción |
| | Asarhadon (680-669 a. C.) | Reconstrucción. |
| | Asurbanipal (668-627 a. C.) | Reconstrucción. |
| Neobabilónico | Nabopolasar (626-605 a. C.) Nabucodonosor II (605-562 a. C.) | Finalización del zigurat de Babilonia. |
| Persa aqueménida | Jerjes (484-481 a. C.) | Destrucción |
| Macedonio | Alejandro Magno (331-323 a. C.) | Reconstrucción parcial |
| Helenístico / actualidad | 305 a. C.- actualidad | Agonía de Babilonia tras su abandono como capital. Destrucción imparable del zigurat hasta nuestros días. |

El proceso de destrucción debió de ser bastante rápido e imparable, ya que a partir de la Edad Media los viajeros que visitaron la región mesopotámica fueron incapaces de localizar correctamente la Torre de Babel. Entre los viajeros europeos de los siglos XII al XIX reinó una gran confusión con respecto a la ubicación de la Torre, ya que en su época sólo debía de ser una pequeña colina apenas visible en el paisaje de la región. Por esta razón, se obstinaron en identificar el célebre edificio con los restos de otros zigurats cercanos, que habían corrido mejor suerte en cuanto a su estado de conservación. Lo que en la actualidad se puede observar en el lugar donde se levantó el zigurat de Babilonia no hace honor a la grandeza que lo hizo célebre en la Antigüedad. Hoy tan solo se conservan su emplazamiento impreso en el suelo, una fosa cubierta de agua y cañas y, en el centro, los restos del núcleo de adobe del edificio.

# 6

# La Torre de Babel
# entre la historia
# y el mito

Torre de Babel, zigurat de Babilonia y Etemenanki o 'Casa que es el Fundamento del Cielo y de la Tierra' son diferentes denominaciones referidas a una misma realidad arquitectónica que, gracias a su presencia en la Biblia, se ha convertido en un edificio universalmente conocido. Desde la Edad Media hasta hoy, el hombre ha intentado reproducir, con grandes dosis de imaginación, cuál debía ser la imagen de este monumento, que fue evolucionando al mismo ritmo que lo hacían los estilos arquitectónicos y artísticos. El resultado obtenido ha sido siempre el de torres colosales e infinitas, cuya desmesura hacía honor al mito bíblico: «Ea, edifiqué-monos una ciudad y una torre cuya cúspide llegue al cielo…», dice el Génesis, 11. Es indudable que la Torre de Babel es el edificio más representado de la historia de la arquitectura. Pero, detrás del mito de Babel había una realidad histórica, actualmente transformada en una realidad arqueológica.

La Torre de Babel según la ilustración realizada para una
Biblia, de finales del siglo XIX, por el grabador francés
Gustave Doré.

## LA TORRE DE BABEL: UN ZIGURAT MESOPOTÁMICO

Hoy no tenemos ninguna duda de que la Torre de Babel era el zigurat de la ciudad de Babilonia. Por el contrario, la situación cambia cuando se intenta conocer la función exacta de esta peculiar construcción mesopotámica. El zigurat es el monumento más célebre de Mesopotamia y el símbolo que mejor caracteriza a las civilizaciones que habitaron esta región del Oriente Próximo. Sin embargo, todavía comprendemos mal esas torres escalonadas que toda ciudad mesopotámica de cierta entidad política, cultural o religiosa se enorgullecía de tener en su entramado urbano. El país mesopotámico debió de albergar a lo largo de su historia un total de quince zigurats: diez en la parte meridional (Kish, Ur, Borsippa, Nippur, Uruk, Larsa, Eridu, Sippar, Dur-Kurigalzu y Babilonia) y cinco en la zona norte (Calah, Dur-Sharrukin, Asur, Kar-Tukulti-Ninurta y Tell el-Rimah). A esta lista se pueden añadir los zigurats de Choga Zanbil y, tal vez, el de Tepe Sialk, ambos en Irán.

¿Qué era exactamente un zigurat? se trata de un monumento religioso de la antigua Mesopotamia en forma de alta terraza con varios niveles y un templo sobre la cima, al que se accedía por rampas o escaleras. Lamentablemente, no se ha encontrado ningún zigurat completo debido a la fuerte erosión sufrida por el adobe, el material constructivo empleado. Los adobes, una vez secados al sol, se colocaban en hiladas entre las que se intercalaban lechos de cañas y de otros elementos vegetales para reforzar la cohesión interna y la solidez de la construcción. Con esta técnica se construía el núcleo del monumento, que normalmente se revestía con una gruesa capa de ladrillos cocidos en hornos, mucho más resistentes.

El de Choga Zanbil (s. XIII a. C.), en Irán, es uno de los
zigurats mejor conservados.

A pesar de no ser ni el más antiguo ni el mejor conservado de todos los zigurats conocidos, el que fue levantado en la ciudad de Babilonia es el más célebre en nuestros días. Ello obedece, paradójicamente, a su presencia en un relato ajeno a la civilización que lo construyó, como es el Antiguo Testamento.

Si el aspecto exterior de los zigurats se conoce de forma aproximada, resulta muy difícil establecer la función para la que estos fueron edificados en el corazón de las principales ciudades mesopotámicas. La etimología poco aclara en este sentido. El término 'zigurat' procede del sustantivo acadio *ziqqurratu*, que se puede traducir por 'templo-torre' o 'cima de la montaña'. Este sustantivo deriva del verbo acadio *zaqâru*, que significa 'construir en alto'. Resulta evidente que la etimología de la palabra zigurat nos conduce a un campo meramente descriptivo, al indicarnos que se trata de un monumento construido en alto, comparable a la cima de una montaña. Los zigurats tenían, realmente, el aspecto de una montaña artificial, de un enorme podio o superestructura que destacaba en la llanura aluvial de Mesopotamia.

¿Cuál era entonces la naturaleza y la función de estos edificios de tierra? Se sabe que no se trataba de una tumba al modo de la pirámide egipcia, como indica el geógrafo griego Estrabón (*Geografía XVI*, 1, 5), ni de un observatorio astronómico como dice Diodoro de Sicilia (*Biblioteca II*, 9) en el siglo I a. C., aunque allí se hayan podido efectuar este tipo de observaciones a las que eran tan aficionados los babilonios. Heródoto nos ha transmitido, en su relato de mediados del siglo V a. C., algunos datos sobre el ritual que pudo llevarse a cabo en el templo del zigurat de Babilonia, según le contaron los sacerdotes caldeos. Aunque el propio historiador griego no da mucho crédito a estas palabras. Veamos el relato en cuestión:

> Pero sobre la última torre hay una gran capilla, y en la capilla hay una gran cama ricamente dispuesta y a su lado se encuentra una mesa de oro. Pero estatua no hay allí erigida ninguna; y durante la noche no puede quedarse allí persona alguna fuera de una sola mujer del país, aquella que el dios elige entre todas, según refieren los caldeos, que son los sacerdotes de este dios. Y estos mismos sacerdotes afirman, aunque para mí no es digno de crédito lo que dicen, que el dios en persona visita la capilla y duerme en la cama, de la misma manera que sucede en Tebas de Egipto.

*Historias I,* 181-182

Heródoto nos describe, a su manera, el matrimonio sagrado que tenía lugar durante las fiestas del Año Nuevo; en ellas la divinidad, sin duda representada por el rey, se unía a una sacerdotisa, de acuerdo con un ritual orientado a asegurar la prosperidad del país mediante el favor de los dioses. La fiesta del Año Nuevo o *akîtu*, como se denominaba en acadio, se celebraba en primavera (marzo/abril) en honor de Marduk, dios nacional de la ciudad de Babilonia y su imperio. En el curso de la fiesta, el rey se esforzaba año tras año en conseguir los favores de su señor Marduk para asegurar la fertilidad de los campos del país y, por tanto, el florecimiento del estado.

La *Epopeya de Gilgamesh* contiene algunas referencias interesantes al tema de la montaña sagrada y el zigurat. En la tabilla XI de este poema, Gilgamesh, rey semilegendario de la ciudad sumeria de Uruk hacia

2650 a. C., mantiene una conversación con Utanapistîn, personaje que presenta similitudes con el Noé bíblico, sobre el gran diluvio desatado por el dios Enlil. Tras los devastadores efectos de siete días de diluvio, la tierra emerge de nuevo y Utanapistîn abandona el barco para realizar ofrendas a los dioses en señal de agradecimiento: «E hice un banquete para los dioses, poniendo los manjares en la cima de la montaña [*ziqqurratu* en acadio]» (tablilla XI, 155). La cima de la montaña era frecuentada por los dioses, ya que estaba más cerca de su morada celeste. De hecho, en otra tablilla del *Poema de Gilgamesh* se nos habla de la «Montaña de los Cedros» como la residencia de los dioses (tablilla V, I, 5). En la misma tablilla, Shamash, el dios patrono de la justicia, es denominado «Rey de la Montaña» (tablilla V, II, 15). Es posible que en esta idea resida el origen del zigurat, un edificio que, en definitiva, funcionaba como una verdadera montaña artificial con un templo o casa de la divinidad sobre su cima.

En conclusión, los mesopotámicos no nos han transmitido con claridad la razón de ser de estos impresionantes monumentos de tierra. Y es que para un habitante de la antigua Mesopotamia resultaba innecesario explicar qué era un zigurat, de igual manera que para nosotros tampoco es necesario definir qué es una catedral.

## ETEMENANKI *VERSUS* TORRE DE BABEL

En la actualidad, el Etemenanki o zigurat de Babilonia es un monumento en ruinas, destruido y saqueado. No queda más que su negativo impreso en el suelo, hoy relleno de agua y de cañas. Este estado de conservación tan precario ha alimentado, desde su descubrimiento por la arqueología alemana en 1913, un

Vista aérea del estado actual del zigurat de Babilonia.

debate entre los especialistas en Mesopotamia. La discusión científica se ha centrado en tres aspectos formales del monumento: la altura total de la torre, el sistema de acceso a esta y el aspecto del templo de la cima.

## La altura y los accesos

El primer ensayo serio de reconstrucción del zigurat de Babilonia es el del arquitecto británico William Lethaby, que en 1892 propuso una torre de siete pisos. En la silueta propuesta, la altura y la base medían lo mismo. En esta hipótesis, la primera y la segunda terraza tenían los muros inclinados, es decir, en talud. Debido a la gran altura de ambas terrazas, un proyecto de muros con las caras inclinadas era una solución más segura desde el punto de vista de la estática. Por el contrario, las terrazas superiores —de menor altura— tenían las paredes verticales. Es evidente que Lethaby,

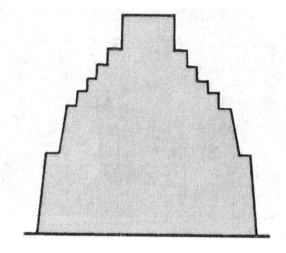

Silueta del zigurat de Babilonia, propuesta por el arquitecto
británico W. Lethaby en 1892.

dada su formación de arquitecto, estaba preocupado
por un aspecto clave del monumento: su estabilidad.
El arquitecto británico había constuido su hipótesis a
partir de las medidas del zigurat de Babilonia descifradas
en un texto cuneiforme publicado por George Smith,
asiriólogo del Museo Británico, en 1876. Según este
documento cuneiforme, conocido como la tablilla
del Esagil y fechado en el 229 a. C., tenía trescientos
pies (90 m), tanto de alto como de ancho en la base.
Lethaby pensaba que la conversión de las cifras mesopotámicas al sistema de medidas inglés no era correcta,
ya que consideraba que el resultado era un monumento
majestuoso, pero misterioso en lo relativo al volumen y
la estabilidad.

La tablilla del Esagil es el único texto mesopotámico conocido que contiene las dimensiones (largo,
ancho y alto) de cada terraza del Etemenanki, según el

codo neobabilónico ordinario (50 cm). He aquí una tabla resumen con las dimensiones en metros:

| | Largo | Ancho | Alto |
|---|---|---|---|
| 1.ª terraza | 90 | 90 | 33 |
| 2.ª terraza | 78 | 78 | 18 |
| 3.ª terraza | 60 | 60 | 6 |
| 4.ª terraza | 51 | 51 | 6 |
| 5.ª terraza | 42 | 42 | 6 |
| [6.ª terraza] | ¿33 ? | ¿33 ? | ¿6 ? |
| 7.ª terraza Capilla de la cima | 24 | 22,5 | 15 |
| Altura total | | | 90 m |

Todas las tentativas de reconstrucción de la altura de las diferentes terrazas del zigurat de Babilonia han estado sometidas a las cifras del texto del Esagil, que ofrece una altura total de noventa metros. El resultado es un monumento espectacular por sus dimensiones, que hacen honor a la grandeza de Babilonia. Pero nos encontramos ante un descubrimiento extraño, puesto que un monumento de noventa metros de alto (¡equivalente a un edificio contemporáneo de treinta pisos!) es un caso único en los anales de la arquitectura mesopotámica. ¿Representa esta construcción una realidad arquitectónica antigua?

En primer lugar, es necesario reflexionar sobre la naturaleza de la tablilla del Esagil. El texto es el enunciado de un problema, que se inscribe en la larga tradición matemática babilónica. Es decir, la tablilla del Esagil no fue redactada como el anteproyecto de un arquitecto para la eventual construcción del zigurat de Babilonia. Se trata, por el contrario, de una compilación de ejercicios matemáticos y es muy probable que las cifras de la tablilla sean hipotéticas y no reales, a pesar de que ésta describe una realidad arquitectónica. El contenido del texto se refiere más bien a un ideal, abstracto y académico, que al verdadero plano cifrado de un arquitecto.

¿Existen otras evidencias textuales sobre las dimensiones del Etemenanki? Hay algunas inscripciones del rey Nabucodonosor II (605-572 a. C.) que hacen referencia a los trabajos de reconstrucción del zigurat de Babilonia iniciados por su padre, el rey Nabopolasar (626-605 a. C.), y acabados por él mismo. Según estos documentos, Nabopolasar había situado «la plataforma de fundación en el corazón del mundo inferior; sus cuatro muros exteriores, con asfalto y ladrillos cocidos en hornos, él los había elevado una altura de treinta codos (15 m), pero él no había acabado la cima». Nabucodonosor II nos relata que retomó los trabajos en el Etemenanki... y elevó «su base una altura de treinta codos (15 m)». Finalmente, construyó un templo alto para Marduk en la última terraza. Si Nabopolasar elevó la estructura del zigurat una altura de quince metros, y su hijo añadió quince metros más antes de construir el templo de la cima (posiblemente de 15 m de alto), la suma nos da una altura total de cuarenta y cinco metros. ¿Dónde están, entonces, los cuarenta y cinco metros que faltan para llegar a la altura de noventa metros de la tablilla del Esagil?

La construcción de los reyes neobabilónicos no era nueva en su totalidad, ya que se llevó a cabo sobre los vestigios de un zigurat más antiguo. Esta torre anterior debía datar de época de Asarhadon (680-669 a. C.), que la había hecho construir sobre otro monumento arcaico, cuya datación puede remontarse a la época kasita e incluso paleobabilónica (ss. XVIII-XIII a. C.). En otras palabras, los trabajos del rey Nabopolasar no comenzaron a nivel del suelo, sino a partir de un macizo preexistente, de altura desconocida. A partir de las referencias de la tablilla del Esagil, podríamos concluir que este macizo arcaico medía metros de alto, puesto que si le añadimos los cuarenta y cinco metros construidos por los dos reyes neobabilónicos obtenemos una altura total de noventa metros (la cifra de la tablilla del Esagil). El problema parece, por tanto, resuelto.

Sin embargo, la torre de Babilonia tal vez nunca alcanzó los noventa metros de altura como afirma la citada tablilla. De hecho, un zigurat de estas dimensiones es un monumento que desafía las leyes de la estática y de la resistencia de materiales. Un edificio de tales proporciones no era realizable con los materiales y técnicas de la época. Una torre de estas medidas se presenta como una anomalía en la tradición arquitectónica mesopotámica. ¿Hubo en Mesopotamia monumentos comparables para hacerse una idea precisa de las ruinas de la torre de Babilonia?

Lamentablemente, los datos disponibles sobre los zigurats mesopotámicos son incompletos. El estudio de algunos de los mejor conservados (Dur-Sharrukin, Dur-Kurigalzu, Ur y Choga Zanbil) nos permite, sin embargo, llegar a algunas conclusiones importantes.

En primer lugar, se trata de monumentos de adobe y ladrillo cuya base es siempre mayor que la altura. Esta misma relación entre base y altura, se puede observar en algunas pirámides egipcias construidas en adobe durante el Reino Medio (1939-1760 a. C.): una base de más de cien metros y una altura inferior (78 m máximo). La razón parece clara: era necesario asegurar la estabilidad de estas construcciones macizas. Una base de grandes dimensiones puede soportar mucho mejor la tensión del monumento. En general, se ha podido observar que la altura no superaba jamás el setenta por ciento de las dimensiones de la base del edificio. Por consiguiente, una torre de Babilonia cuya altura hubiera igualado las dimensiones de su base se presenta como una anomalía dentro de la arqueología mesopotámica.

El zigurat mesopotámico era el resultado de la acumulación en altura de materiales de tierra. Desde el punto de vista estructural, estos monumentos están bajo la acción del peso de los materiales que les dan su forma. Por esta razón, los materiales de cada terraza deben soportar el peso de los de las terrazas superiores. La mayor tensión se sitúa, obviamente, en la primera terraza y en el centro geométrico de esta. Dicha tensión debe ser siempre inferior al grado de resistencia del material utilizado en la construcción del monumento. De no ser así, este se colapsaría. Un zigurat de Babilonia de noventa metros de altura, soportaría una tensión en su base que doblaría e incluso triplicaría la calculada para otros zigurats mesopotámicos y pirámides egipcias. Ninguno de los monumentos evaluados soportó una tensión comparable. Además, esta tensión es transmitida al terreno sobre el que se construyó el zigurat. Terrenos constituidos por depósitos aluviales (como es el caso de la llanura arcillosa de Babilonia) nunca habrían podido soportar la tensión generada por un monumento de noventa metros de alto sin amenazar la estabilidad de la construcción. Todo apunta a que un edificio de esta envergadura no existió jamás en Mesopotamia, puesto que era irrealizable a pesar de las cifras de la tablilla del Esagil.

Es cierto que, hasta el presente, esta tablilla cuneiforme era la única fuente disponible para la reconstrucción de la superestructura de la torre de Babilonia. Sin embargo, hoy disponemos de una nueva, que en nuestra opinión es mejor. Se trata de una estela de piedra encontrada en Babilonia y adquirida por el coleccionista noruego Martin Schøyen para su impresionante colección privada de manuscritos antiguos, hoy conservada en Oslo. En esta Estela, que podríamos fechar a comienzos del siglo VI a. C., hay una representación en bajorrelieve de un rey con la tiara cónica neobabilónica, que debe ser Nabucodonosor II, junto a una torre de seis pisos con un templo en la cumbre. Una breve inscripción cuneiforme grabada en la Estela no deja dudas sobre la identificación de este edificio, pues en ella se puede leer «Etemenanki, el zigurat de Babilonia». Aunque se trata de una representación un tanto simplificada, tenemos por primera vez una imagen contemporánea de la torre de Babilonia que, en términos generales, debe estar muy próxima a la realidad arquitectónica.

El objetivo del artista, que no era arquitecto, no era el de dibujar un plano con una escala precisa, sino representar la estructura general del edificio, es decir, una torre escalonada formada por: un primer piso alto, sobre este, cinco pisos más pequeños y de la misma altura y, finalmente, un templo en la cumbre. ¿Qué ocurre si hacemos una comparación entre el zigurat de este

A la izquierda, la Estela de Oslo. A la derecha, dibujo de la estela (Colección Schøyen), en la que aparecen representados el rey Nabucodonosor II, el zigurat de Babilonia y el templo de la cima hacia el año 590 antes de Cristo.

bajorrelieve y los datos de la tabilla del Esagil? Hay una discordancia evidente. Los dos primeros pisos, muy altos según la tablilla, no aparecen representados así en la estela.

Aparte de la cuestión de la altura, hay otros problemas que afectan al zigurat de Babilonia. Por ejemplo, la cuestión de los accesos, es decir, cómo se circulaba por el monumento. Dada la desaparición casi total de la torre de Babilonia, los accesos se conocen de manera parcial. Gracias a los trabajos arqueológicos alemanes, sabemos que el zigurat se

Aspecto exterior del templo del zigurat de Babilonia.
Reconstrucción hipotética según la Estela de Oslo.

inscribía en un cuadrado de noventa y un metros de
lado y disponía de dos escaleras laterales en la fachada
meridional. Una vez reconstruidas las escaleras,
siguiendo las dimensiones de los peldaños, estas podían
llegar a alcanzar una altura máxima de veintisiete
metros. Si la primera terraza del zigurat medía treinta y
tres metros de altura, según indica la tablilla del Esagil,
nos encontramos ante un evidente problema. Es una
prueba más del carácter idealizado y no real de los datos
de la tablilla. Este sistema de accesos se completaba con
una tercera escalera, perpendicular a las otras dos, que
nacía a sesenta metros de la fachada.

## El templo de la cima

Finalmente, sobre la sexta terraza se hallaba el templo alto del zigurat de Babilonia, el Etemenanki propiamente dicho. Dada su situación coronando la cima de la construcción, no se ha conservado ningún rastro arqueológico de este edificio. Hasta ahora, todas las reconstrucciones del mismo se habían hecho a partir de la información establecida por la Tablilla del Esagil. Sin embargo, la Estela de Oslo se ha convertido en un documento clave en lo referente a este templo. En efecto, sobre el zigurat está representado el plano de la edificación que coronaba el Etemenanki. Este mismo plano se reproduce en un lateral de la Estela, donde se conserva de manera parcial. A partir de estos dos dibujos se puede reconstruir, a pesar de estar algo dañados, un plano bastante fiable de la planta baja del templo que coronaba la torre de Babilonia.

Estaba formado por doce salas y disponía de dos puertas, una al sur y otra al norte, situadas en un eje perfecto, que dividía la planta en dos partes. En el muro occidental, había un nicho que debe de representar el lugar santo o altar, donde se encontraba el trono de Marduk. Al sur de esta habitación sagrada, había una sala cuadrada donde se pueden observar en la Estela dos pequeños trazos grabados. Quizá se trata de una representación abstracta de la cama de la divinidad. En el otro lado, parece lógico situar una escalera para ascender al piso superior del tempo, ya que como era norma en la arquitectura mesopotámica debía de ser un edificio de dos niveles. Se desconoce la organización exacta de este nivel superior, pero debía estar en relación con la planta baja. El espacio central estaba cubierto por una especie de claraboya, que iluminaba el interior del templo.

Por último, según varios fragmentos de ladrillo con inscripción hallados entre las ruinas del Etemenanki, el templo alto del zigurat estaba decorado exteriormente con «ladrillos esmaltados de azul celeste», es decir, con ladrillos vidriados de aspecto similar a los utilizados en la decoración de la Puerta de Ishtar.

## Nueva propuesta de reconstrucción del zigurat de Babilonia

Llegados a este punto, parece demostrado que una torre de Babilonia de noventa metros de alto no era realizable en la época neobabilónica. Según nuestro estudio, la altura del zigurat debe estar entre el cincuenta y el setenta por ciento de la longitud de su base, es decir, mediría entre cuarenta y cinco y sesenta y tres metros aproximadamente. El problema que quedaría por resolver ahora es el de la distribución de esta altura entre las diferentes terrazas del monumento. En la actualidad, hay dos posibilidades: bien seguir siendo esclavo de la Tablilla del Esagil, como ha sido la norma hasta el momento a pesar del absurdo al que conduce, bien reivindicar la Estela de Oslo como documento más fidedigno.

Por todo lo argumentado más arriba, preferimos ser fieles a la Estela de Oslo, ya que a diferencia del texto del Esagil –una tablilla de naturaleza matemática–, la estela se grabó para conmemorar la finalización de la construcción del Etemenanki y de su templo alto por el rey Nabuconodosor II hacia el año 590 a. C. Se trata de un documento excepcional, que nadie había utilizado hasta ahora para proponer una reconstrucción hipotética del zigurat de Babilonia. Aunque simplificada, esta imagen de la torre de Babilonia nos parece la más próxima a la realidad. De hecho, es la única que tenemos. El problema reside en pasar de esta realidad gráfica a un entorno mensurable y real.

Por las razones esgrimidas anteriormente, estamos en situación de defender una torre babilónica de una altura en torno a los sesenta metros y una base de noventa metros, que son dimensiones similares a las alcanzadas por la torre escalonada de Dur-Kurigalzu, un zigurat del siglo XIV a. C. situado al noroeste de Babilonia. A partir de la silueta grabada en la Estela de Oslo y de la lógica constructiva y compositiva, se ha podido realizar la siguiente hipótesis sobre las dimensiones de las distintas terrazas que forman el zigurat de Babilonia:

| Terrazas | Largo y ancho | | Altura | |
|---|---|---|---|---|
| | nindanu[1] | metros | nindanu | metros |
| 1.ª terraza | 15 | 90 | 3 | 18 |
| 2.ª terraza | 13 | 78 | 1 | 6 |
| 3.ª terraza | 11 | 66 | 1 | 6 |
| 4.ª terraza | 9 | 54 | 1 | 6 |
| 5.ª terraza | 7 | 42 | 1 | 6 |
| 6.ª terraza | 5 | 30 | 1 | 6 |
| 7.ª terraza Templo de la cima | 3 | 18 | 2 | 12 |
| Altura total | | | 10 | 60 |

[1] El *nindanu* es una medida mesopotámica que equivale a seis metros.

217

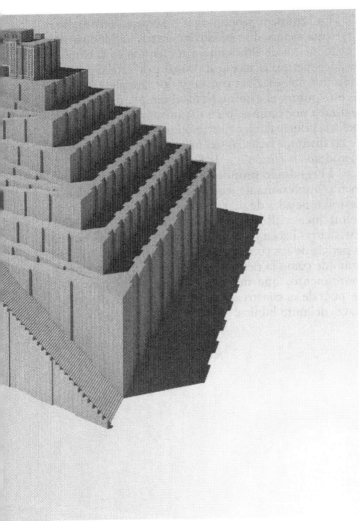

Reconstrucción en 3D del zigurat de Babilonia con los accesos superiores en zigzag.

En resumen, proponemos una torre de Babilonia de sesenta metros, distribuidos en seis terrazas de cuarenta y ocho metros de altura total y un templo en la cumbre de doce metros; el acceso al primer piso estaba garantizado por una escalera central y dos laterales. A partir de este punto, el camino hasta el templo de la cima se realizaba por rampas, bien organizadas en zigzag en la fachada principal, bien distribuidas en «espiral» a través de las distintas fachadas del monumento, según cuenta Heródoto en *Historias I,* 181.

El resultado propuesto no deja de ser un monumento impresionante, construido con casi cuatrocientas mil toneladas de tierra y un número aproximado de veinticinco millones de piezas de adobe y ladrillo. Estas cifras hacen honor a la grandeza de Babilonia y a la pericia de sus constructores, que con un material tan humilde como la tierra fueron capaces de construir un monumento, que más de dos mil quinientos años después de su construcción, sigue vivo entre nosotros a través del mito bíblico.

# 7

# Marduk,
# el nuevo soberano
# de los dioses

La historia de Marduk está estrechamente ligada a la de Babilonia. Este dios es bien conocido como el rey del panteón babilónico y como el patrono de Babilonia. Pero esto no siempre fue así, ya que dicha divinidad al igual que su ciudad era una entidad casi desconocida en el III milenio a. C. y en los primeros siglos del siguiente. No será hasta la llegada al trono del rey Hammurabi (1792-1750 a. C.) cuando Babilonia y su dios protector abandonen el papel secundario en el que habían estado sumidos durante siglos. Marduk pasó a convertirse durante el II y el I milenio a. C. en el dios nacional de los babilonios. Y para ser su morada, se construyeron en Babilonia dos santuarios: el Esagil y el gran zigurat llamado Etemenanki.

## LA RELIGIÓN MESOPOTÁMICA

La religión mesopotámica se diferencia de las grandes religiones actuales (judaísmo, cristianismo, islamismo o budismo) no sólo por la distinción entre monoteísmo y politeísmo, sino también por la falta de un fundador y de unas escrituras sagradas en las que fijar sus dogmas o fundamentos. Estos escritos normativos son impensables en una religión que fue el producto de la mentalidad y la sensibilidad de una cultura tradicional. La religión en Mesopotamia no había sido fundada en un momento determinado de su historia, sino que había nacido como una necesidad del hombre para dar explicación, en este caso divina, a hechos que él interpretaba como sobrenaturales, ante su incapacidad de ofrecer una interpretación racional.

Debido a la falta de unas escrituras santas emanadas de un fundador, el historiador actual tiene que recurrir a otras fuentes escritas para conocer el universo religioso en Mesopotamia. Además de los textos de temática estrictamente religiosa, caso de los himnos o los mitos, existe una enorme masa documental que, directa o indirectamente, es de utilidad para reconstruir los conceptos básicos de la religión en el país de los dos ríos. Ello se debe a que absolutamente todo en la vida y en la muerte de los habitantes de Mesopotamia tenía una explicación divina. No había ningún aspecto de la vida que escapase al control de un ser divino. La religión estaba presente en todos los ámbitos, desde los más elevados a los más humildes. Esto explica que una inscripción real, por ejemplo, pueda ser un documento de notable interés para conocer no sólo a los reyes mesopotámicos, como es obvio, sino también el papel fundamental que tuvieron los dioses en la transmisión de un poder sacrosanto:

> Ningirsu [dios patrono de la ciudad sumeria de Lagash] plantó la semilla de Eannatum [rey de Lagash] Inanna [una diosa] lo acompañó, [...] y lo

depositó en el regazo singular de Ninhursag [diosa madre]. Ninhursag le ofreció su pecho singular [...] Con gran alegría Ningirsu le dio el reino de Lagash.

De esta inscripción sobre el rey Eannatum (h. 2450 a. C.) se puede inferir que los soberanos eran impuestos por los dioses y no había, por consiguiente, más legitimación que la voluntad de estos. Tal era el halo de sacralidad que rodeaba la función del rey, que en determinados momentos de la historia de Mesopotamia algunos monarcas llegaron incluso a autodivinizarse. Fue el caso, por citar uno de ellos, del rey acadio Naram-Sin (2254-2218 a. C.). Por tanto, la reconstrucción de la religión mesopotámica debe hacerse a través del análisis de toda la documentación disponible, ya sea religiosa o no. La tarea se presenta, a todas luces, como ímproba.

Los dioses mesopotámicos tenían la apariencia, las cualidades y los defectos de los hombres, pues habían sido concebidos a semejanza humana. Eran en gran medida un reflejo de la sociedad que los había creado. En otras palabras, se trataba de una trasposición de lo que se conocía en el mundo terrenal a lo celestial. Los dioses se alimentaban, se peleaban, se amaban, se casaban y tenían familia como cualquier hombre. Pero la muerte les era desconocida. La vieja *Epopeya de Gilgamesh* lo deja bien claro: «Cuando los dioses crearon a los hombres, les asignaron la muerte, pero la vida sin límites se la guardaron para ellos». La inmortalidad, así como la posesión de un poder ilimitado y sobrenatural eran características inherentes a los dioses, que los diferenciaban de los humanos.

Los dioses no sólo tenían la huella de lo humano, sino también eran una proyección de su sociedad. Estaban organizados en categorías bien diferenciadas.

Había un soberano, una familia real, y unos funcionarios, técnicos y ayudantes, que constituían el grupo de las divinidades principales o mayores. Por debajo, se encontraba toda una corte de deidades menores y marginales. El panteón era una reproducción de la organización estatal. A la cabeza de este sistema se encontraba Anu, que era el fundador de la dinastía divina y el padre de los dioses. Junto a él, Enlil, la cabeza del panteón, y Enki ('Ea', en acadio), el dios de las aguas dulces subterráneas, constituían la gran triada de los dioses supremos. El grupo de los siete grandes dioses de Mesopotamia se completaba con Shamash, el dios Sol; Sin, el dios Luna, Ishtar, la diosa del amor y la guerra; y Ninhursag, la diosa madre.

Esta división del poder divino no era inmutable, pues en el II milenio a. C. se produjo en Babilonia, aunque no sin dificultades, la sustitución de Enlil por Marduk. Es decir, la religión mesopotámica evolucionaba al ritmo de los tiempos y se fue moldeando con el paso de los diferentes pueblos que conforman su historia: sumerios, acadios, asirios, babilonios, etc. El pensamiento religioso era acumulativo y no excluyente. Así, por ejemplo, veremos a los reyes kasitas de la segunda mitad del II milenio a. C. adoptando como propios a los dioses tradicionales babilónicos, pero sin renunciar al mismo tiempo a los suyos.

Ante los dioses, los hombres se humillaban y temblaban. Sabedores del poder sobrenatural de aquellos, los habitantes de Mesopotamia adoptaban una actitud de sumisión, de admiración, de respeto, e incluso de temor. De la divinidad nunca se esperaba cercanía. Los hombres no amaban a los dioses, sino que los temían. Todo lo que ocurría en la tierra tenía un origen divino. Y de esta sumisión a los dictámenes divinos no estaba libre nadie, ni siquiera los reyes.

Cada decisión del monarca mesopotámico tenía que ser ratificada por los dioses. La oportunidad de una campaña militar, la ingesta de un fármaco o la elección del príncipe heredero, por poner algunos ejemplos dispares, tenían que ser sancionadas por los dioses a través de la adivinación o de oráculos. Un ejemplo de ello, referido a la elección del heredero por parte del rey asirio Asarhadon (680-669 a. C.) lo hallamos en el texto siguiente: «¡Shamash, gran señor, dame una respuesta positiva a lo que te pregunto! ¿Debe Asarhadon, rey de Asiria, esforzarse y hacer preparativos? ¿Debe introducir a su hijo, Sin-nadin-apli, en la casa de la sucesión? ¿Es del agrado de tu divinidad? ¿Es aceptable para tu gran divinidad? ¿Lo conoce tu gran divinidad?».

Cada ciudad de Mesopotamia tenía un dios patrón que la protegía y de esa protección dependía en gran medida su prosperidad. De hecho, de acuerdo con la mentalidad mesopotámica, la ciudad era concebida y fundada para ser la morada de una determinada divinidad. Esa morada estaba representada por el templo principal. Por esta razón, los reyes invirtieron, ya desde el III milenio a. C., grandes esfuerzos en la construcción y reconstrucción de los principales santuarios de la geografía mesopotámica. Así consta en las numerosas inscripciones conmemorativas relativas a la finalización de trabajos de edificación, reparación y embellecimiento. El éxito y el futuro de cada ciudad y cada reino dependían de la armónica relación entre dioses y reyes. «Un largo reinado feliz y años de gozosa abundancia» le deseó el dios Shamash al rey Yahdun-Lim (1810-1794 a. C.) por haberle construido un templo magnífico en la ciudad de Mari, en el Medio Éufrates.

El templo y el palacio constituyen los dos focos de poder en Mesopotamia. La arqueología ha sacado a la luz

Relieve esmaltado de uno de los leones que decoraban
la Vía Procesional de Babilonia en la época del
rey Nabucodonosor II (605-562 a. C.). El león era el
símbolo de la diosa Ishtar.

cientos de templos repartidos a lo largo y ancho de su geografía. El templo era, en primer lugar, la casa del dios, aquella morada donde vivía y donde se le atendía diariamente. Como es obvio, a lo largo de la historia mesopotámica la forma y las características de los templos han ido evolucionando, incluida su parte más importante, el llamado «lugar santo» (la *cella* del mundo clásico). Pero hay tres elementos que se presentan como indispensables en todo edificio consagrado al culto, a saber: el emplazamiento del trono del dios, donde se encontraba la estatua de culto; el lugar de presentación de las ofrendas; y, por último, la zona donde se preparaban los alimentos o se realizaba el sacrificio de animales.

En torno a la estatua divina se organizaban de forma cotidiana una serie de ceremonias en honor del dios titular. Cada día había que alimentar a los dioses varias veces. Recibían a diario dos comidas mayores y otras dos menores. No era un acto meramente simbólico, sino que esta tarea recaía sobre cocineros adscritos al templo. Se les alimentaba con pan, dátiles o diversos tipos de carnes elaboradas siguiendo recetas culinarias. Y bebían vino, varias clases de cerveza y leche. Una tablilla del siglo III a. C. referida a un templo de Uruk, que tenía por titulares a Anu, su esposa Antu e Ishtar, nos ilustra sobre los alimentos destinados a su sustento. Según los datos de este texto, el alimento cárnico que recibían los tres dioses para un año se expresa en cifras exorbitantes: 18.000 carneros, 2.580 corderos, 720 bueyes, 360 terneros, etcétera.

Además de comida, los dioses recibían todo tipo de cuidados, pues se les hacía el aseo personal y se les vestía y adornaba con joyas en un alarde de indescriptible ostentación. Incluso se les sacaba a pasear en procesión, generalmente en el marco de la celebración de determinadas festividades religiosas, la más importante de las cuales era la del Año Nuevo.

De todos estos cuidados se ocupaba un amplio séquito constituido por el personal de culto y la clase sacerdotal, que estaba formada tanto por hombres como por mujeres reclutados entre las familias de las clases altas. En la Babilonia de tiempos de Hammurabi conocemos la existencia de sacerdotisas de alto rango llamadas *naditu* en acadio. Estas mujeres, que llevaban una vida semiconventual, podían casarse pero no podían procrear. Sólo podían tener hijos a través de una esclava, pues debían permanecer castas.

En definitiva, la importancia de estos cultos viene demostrada por el desconsuelo que provocaba, en caso de la toma de una ciudad por el enemigo, la deportación a otro país de la estatua del dios. No había mejor manera de humillar al vencido que «robarle sus dioses». Un buen ejemplo lo tenemos en el dios Marduk, cuya estatua viajó desde Babilonia hasta Elam y Asiria como botín de guerra en varias ocasiones. La recuperación de la estatua por el rey Nabucodonosor I (1126-1105 a. C.) fue celebrada como un gran acontecimiento por los babilonios.

## MARDUK Y EL *POEMA DE LA CREACIÓN*

La llegada al trono de Babilonia del rey Hammurabi en el 1792 a. C. supuso un cambio de rumbo para la ciudad, que pasó de ser a nivel político una desconocida en Mesopotamia, a convertirse en la capital de un reino hegemónico. Esta espectacular ascensión de Babilonia fue acompañada de la de su dios patrón, Marduk, que al igual que su ciudad, había sido hasta entonces una divinidad secundaria. El propio Hammurabi, en el inicio del prólogo de su célebre Código de leyes, intenta situar a Marduk entre los grandes dioses mesopotámicos:

> Cuando Anu, el altísimo, rey de los Anunnaki [todos los dioses del panteón], y el divino Enlil, señor de cielos y tierra, que prescribe los destinos del país, le otorgaron al divino Marduk, al hijo primogénito del dios Ea [Enki en sumerio], la categoría de Enlil de todo el pueblo, y lo magnificaron entre los Igigi [los grandes dioses] Cuando le impusieron a Babilonia su sublime nombre y la hicieron la más poderosa de los cuatro cuadrantes; cuando en su seno le aseguraron a Marduk un reino sempiterno cuyos cimientos son tan sólidos como los del cielo y la tierra.

Asistimos aquí a la investidura de Marduk como el dios reinante entre los grandes dioses. El objetivo es claro, Hammurabi quería sentar las bases teológicas de su reinado, esto es, un nuevo dios (un nuevo Enlil, si se prefiere) para una nueva Babilonia. Sin embargo, el propio rey amorreo era consciente de que esta era una labor a largo plazo. Por esa razón, en la maldición final que recoge su famosa estela contra aquel que no respete su obra hace una exhortación a los grandes dioses mesopotámicos, entre los que no aparece Marduk.

Se necesitaron varios siglos para que el proyecto teológico de Hammurabi se impusiera y alcanzara su madurez, ya que no fue hasta finales del II milenio a. C. cuando Marduk fue aceptado como soberano absoluto de los dioses, suplantando a Enlil. En este sentido, cabe señalar, como ya dijimos, que el *Poema de la*

*Creación*, compuesto casi con toda seguridad en tiempos del soberano Nabucodonosor I (1126-1105 a. C.), fue una pieza clave en la exaltación de Marduk como el rey de todos los dioses.

El *Poema de la Creación* es una obra de la literatura épica, escrita en acadio, que los babilonios conocían, como era costumbre en la región, por las dos primeras palabras de este poema, *enûma elish*, que significan 'cuando en lo alto'. El tema principal de esta composición literaria era la justificación y glorificación de la nueva y privilegiada posición otorgada a Marduk, el dios patrón de Babilonia, dentro del panteón mesopotámico. Pero en el poema también se habla de la creación del universo y del hombre.

Veamos a continuación un resumen de la trama. La acción comienza con una alusión al inicio de los tiempos, es decir, al caos original. En ese estadio primigenio, el cosmos estaba representado por una pareja, el dios Apsu, que representaba al agua dulce, y la diosa Tiamat, que simbolizaba el agua salada. De la unión de ambos nacerán los dioses primitivos y posteriormente los grandes dioses, entre ellos Ea, el padre de Marduk. Por un conflicto generacional, Ea se enfrentará a Apsu, al que finalmente mata. Aprovecha la situación para instalarse con su esposa en la residencia de Apsu: allí nacerá Marduk. El nuevo dios es descrito con todo lujo de detalles:

En medio del sagrado Apsu, Marduk fue traído al mundo. Lo trajo al mundo Ea, su padre, y lo parió su madre, Damkina. Él sólo mamó de pechos divinos. El ama de cría que lo criaba, lo llenó de una vitalidad formidable. Su naturaleza era desbordante; su mirada fulgurante; era desde su nacimiento, un hombre hecho y derecho, lleno de fuerza desde el principio. [...] sus formas son inauditas, admirables, imposibles de imaginar, insoportables de ver.

Pese a todo, el conflicto generacional entre dioses ancestrales y jóvenes va a continuar. El joven Marduk provoca tormentas e inundaciones que molestan a Tiamat. Presionada por sus colegas, la diosa decide finalmente crear un ejército de seres monstruosos formado por: «Hidras, formidables dragones, monstruos marinos, leones colosales, grandes perros guardianes rabiosos, hombres-escorpión, monstruos agresivos, hombres-pez, gigantescos bisontes: todos ellos esgrimían armas despiadadas [...]». Tiamat pondrá a Kingu, su nuevo amante, al frente de este terrorífico ejército. Ea, conocedor de estos planes, informa a la asamblea de los dioses para buscar un voluntario que no tema enfrentarse a Tiamat y sus monstruosas criaturas. Marduk, aconsejado por su padre se ofrece para marchar contra la temida diosa. Es aquí donde Marduk hace una petición a la asamblea de dioses, que será clave para su futuro. El dios, como recompensa por su valeroso gesto pide lo siguiente: «¡Que no se cambie nada de aquello que yo disponga, y que toda orden dada por mis labios sea irreversible, irrevocable!». Es decir, Marduk demanda como condición que, si derrota a Tiamat, se le proclame rey de los dioses. La asamblea aceptará su petición. Así las cosas, se enfrenta a Tiamat y la derrota tras lanzarle una mortal flecha a la panza. Finalmente, «con su despiadada maza le partió el cráneo; después le cortó las venas [...]. Él la partió en dos, como un pescado seco [...]».

Con el cuerpo de Tiamat dividido en dos, Marduk va a crear el universo: el cielo, las estrellas, la luna, el sol, las montañas, los ríos, etc. A continuación se dirige a la asamblea de dioses para que cumplan lo pactado:

Entonces todos los Igigi, reunidos, se postraron ante él. Y todos los Anunnaki, que había allí le besaron los pies: su asamblea unánimemente puso su rostro en tierra. Después, tras haberse levantado, se inclinaron ante él diciendo: ¡Aquí está el rey! [...] Se cubrió con su manto principesco, con el brillo sobrenatural de la realeza, con la corona terrorífica.

Fue así como, según el relato del *Poema de la Creación*, Marduk se convirtió en el rey de todos los dioses de Mesopotamia. Una vez ungido rey, el nuevo dios decide crear Babilonia y su principal santuario, el Esagil, que será obra de los Anunnaki:

Quiero construirme un templo que será mi habitáculo preferido, un hermoso entorno en el que yo estableceré mi santuario y fijaré mis moradas para constituir, allí, mi reino [...] Yo le daré por nombre Babilonia.

Marduk, insaciable, siente la necesidad de realizar un gran prodigio con el que demostrar su nuevo estatus, por lo que decide crear a los hombres para que se ocupen de hacer el trabajo de los dioses:

Voy a condensar sangre, constituir una osamenta y crear, así, un prototipo humano que se llamará Hombre. Este prototipo, este hombre, lo voy a crear para que le sean impuestas las fatigas de los dioses y, así, estos puedan estar ociosos.

El poema concluye con la enumeración de los cincuenta nombres de Marduk, en su mayoría sumerios, para demostrar la gloria de su persona y al mismo tiempo sus obras. «Después de haber derrotado a Tiamat, recibió el poder soberano»; con estas palabras finaliza el *Poema de la Creación* que, como hemos visto, tuvo como eje central la glorificación, la exaltación y la entronización de Marduk como rey del panteón babilónico. El dios principal de Babilonia necesitaba de un gran poema épico que narrase sus hazañas a la manera de los grandes dioses del panteón tradicional. El *Poema de la Creación* o *Enûma elish* fue la respuesta a esta necesidad.

## La fiesta del Año Nuevo en Babilonia

Entre las festividades religiosas del calendario babilónico, la más importante era, como ya comentamos, la del *akîtu* o Año Nuevo'. Esta se celebraba durante doce días en el equinoccio de primavera. Aunque resulta difícil reconstruir en su integridad este festival —las tablillas seléucidas (s. III a. C.) que describen las ceremonias y rituales practicados se conservan sólo de forma fragmentaria—, sí podemos recomponer a grandes rasgos los momentos cumbres: la recitación del *Poema de la Creación*, la llegada de la estatua de Nabu, hijo de Marduk, desde la cercana ciudad de Borsippa o la humillación del rey, que después de haber sido abofeteado por el sumo sacerdote, juraba ante Marduk no haber pecado contra Babilonia:

> Abofeteará entonces al rey [...] le tirará de las orejas y le hará arrodillarse. Y el rey dirá: «¡Yo no he pecado, oh Señor de todos los países! ¡No he

sido negligente con respecto a tu divinidad! ¡No he destruido la ciudad de Babilonia ni ordenado su dispersión! ¡No he abofeteado a mis protegidos, no los he humillado! ¡He cuidado de Babilonia y jamás derribé sus murallas! [...]. Bel [Marduk] atenderá tus plegarias [...]. Ampliará tu soberanía [...]. Te bendecirá para siempre, destruyendo a tus enemigos y abatiendo a tus adversarios [...]. Después le abofeteará, y entonces: si las lágrimas vienen al rey, es que Bel está bien dispuesto a su respecto; si no, es que Bel está enfadado con él: ¡vendrá un enemigo a ocasionar su caída!

Otro momento crucial de la fiesta del Año Nuevo babilónico era la procesión de Marduk y su corte divina hasta un santuario situado fuera de las murallas, que era conocido como el templo del akîtu (*bît akîti* en acadio). Este transporte procesional de la estatua de Marduk incluía una travesía por el Éufrates de cada divinidad en su propia barca sagrada. Una vez llegados a su destino, se desarrollaba el episodio central de la fiesta. El objetivo era el de conmemorar y renovar la gran victoria de Marduk sobre la diosa Tiamat, hazaña épicamente cantada, como ya sabemos, por el *Poema de la Creación*. Gracias a esta victoria, el dios principal de Babilonia se había convertido en el soberano de todos los dioses.

Marduk contaba con dos moradas en la ciudad de Babilonia, el Esagil, o santuario bajo, y el Etemenanki, o santuario alto, y daba nombre a una de las ocho puertas de la ciudad.

Desconocemos, por falta de datos, la manera precisa en que debieron participar estos tres monumentos en los rituales de las principales celebraciones religiosas en honor de su dios patrón, en particular en

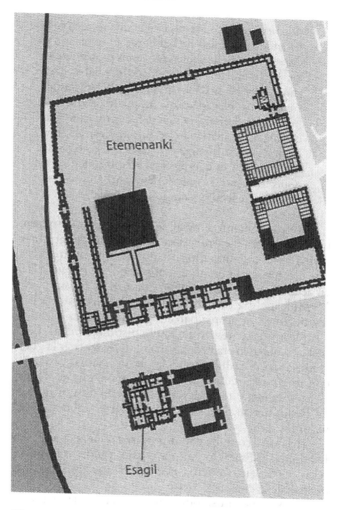

Plano parcial de la ciudad de Babilonia, donde se observa la situación de los dos grandes santuarios de Marduk: el Esagil y el zigurat Etemenanki, junto al río Éufrates.

la fiesta del Año Nuevo. El historiador griego Heródoto nos da a mediados del siglo V a. C. su visión, obviamente helenocéntrica, sobre los rituales que pudieron celebrarse en ambos santuarios, en particular en el Esagil, como ya vimos en el capítulo 5.

En cuanto al templo que remataba el zigurat, llamado Etemenanki por babilonios, el mismo historiador griego nos ha transmitido una curiosa descripción, que ya vimos en el capítulo anterior, en la que no sin dudas hace referencia a «que el dios en persona visita la capilla y duerme en la cama [...]» (*Historias I*, 182).

Según un tratado de culto del Esagil, la estatua del dios Marduk tenía que ser de madera preciosa (*mêsu* en acadio) y no de oro como afirma Heródoto. Su aspecto ha podido reconstruirse gracias a un cilindro-sello de lapislázuli hallado bajo el suelo de una vivienda parta cercana al Esagil. Se trata de un objeto votivo ofrecido por el rey Marduk-zakir-shumi I (854-819 a. C.). En la inscripción cuneiforme del sello se puede leer la siguiente dedicatoria: «A Marduk, que vive en el Esagil [...] es este sello de lapislázuli brillante, engastado en oro rojo, para decorar su divino cuello». En la representación, Marduk está acompañado de un dragón aparece ricamente ataviado, con un vestido largo decorado con símbolos celestes en los brazos y motivos zoomorfos y vegetales dentro de círculos en la falda. Lleva los emblemas de poder de los grandes dioses: el anillo y el bastón de mando, en la mano derecha, y la tiara, sobre la cabeza. Con la mano izquierda blande el arma con la que venció a Tiamat –el agua salada primordial–, que aparece representada bajo sus pies.

En el ámbito de la simbología de Marduk, es necesario hacer una última parada en la Puerta de Ishtar. En este célebre acceso a la ciudad de Babilonia había una rica decoración de relieves esmaltados, entre

Representación de Marduk, dios patrón de Babilonia.

los que destacan los mal llamados dragones. Estos animales fantásticos, denominados *mushjushu* en acadio, eran en su origen una especie de serpiente aterradora. Realmente se trata de un híbrido formado por la unión de partes de animales como el león, el águila, la serpiente y el escorpión. En un principio este dragón cargaba sobre su lomo al dios Marduk, por lo que acabó convirtiéndose en su símbolo. En los muros de la Puerta de Ishtar dicho animal fantástico simbolizaba la presencia del dios de la ciudad, quien en la fiesta del Año Nuevo atravesaba en procesión esa bella y espectacular entrada, hoy reconstruida en Berlín.

Para concluir, se impone una reflexión final. Todo lo aquí escrito sobre la religión mesopotámica, en general, y la babilónica en particular, hace referencia a la religión oficial, es decir, a la del Estado. Muy poco sabemos, sin embargo, sobre la religión popular, que debía tener un carácter más íntimo o doméstico. Es posible que los centenares de figurillas de terracota con escenas de vida cotidiana, de animales y de personajes semidivinos y humanos halladas en diferentes sectores de Babilonia sean una prueba de ese culto más privado, del que nada nos cuentan los textos. Así mismo, en este ámbito no oficial, la magia y el exorcismo debieron de tener un peso destacado.

Relieve de ladrillo moldeado de un «dragón» llamado *mushjushu* por los babilonios, procedente de la Puerta de Ishtar. Era el atributo del dios Marduk.

# 8

# El final de Babilonia

Con la muerte de Nabucodonosor II, en el 562 a. C.,
se inició la decadencia y la posterior caída del reino
babilónico. Su último soberano, Nabonido (556-
539 a. C.), fue un excéntrico monarca que durante
diez años dirigió los destinos de Babilonia desde el
oasis de Teima, en Arabia, como ya vimos anteriormente. La crisis política y religiosa que debilitó a
Babilonia fue aprovechada por Ciro *el Grande*, rey de
los persas aqueménidas, para conquistar Babilonia en el
539 a. C. Algo más de dos siglos después, en el 331 a. C.,
el conquistador Alejandro Magno tomó la ciudad.
Siete años más tarde el macedonio moría en el palacio
de Babilonia y, ante la falta de un heredero, sus generales se disputaron un imperio huérfano. Así, Seleuco se
proclamó rey de Babilonia en el 305 a. C., no sin antes
haber superado un estado de guerra casi continuo
entre los diádocos (los sucesores de Alejandro). Nacía
así un nuevo reino helenístico, el de la dinastía de los
seléucidas, cuya historia se prolongó hasta la llegada de
los partos en el 141 a. C. Este largo período, que

incluye la dominación aqueménida, macedonia y helenística, está marcado por la pervivencia de la cultura y los usos babilónicos. Tradicionalmente se conoce como el período Tardobabilónico.

## Ciro y la conquista de Babilonia

El 12 de octubre del año 539 a. C. el rey Ciro *el Grande* entró en Babilonia. Tras esta conquista, todos los monarcas del Oriente antiguo se postraron ante su nuevo señor. Al mismo tiempo, el soberano persa autorizó a la comunidad judía, desterrada en Babilonia desde los tiempos de Nabucodonosor II (605-562 a. C.), a regresar a Jerusalén y reconstruir su templo.

Tal fue el impacto de la caída de Babilonia en el mundo antiguo, que incluso autores clásicos como Heródoto o Jenofonte se hicieron eco de este hecho histórico. Especialmente interesante es el relato que, sobre los últimos días del rey Nabonido, se ha conservado del sacerdote babilonio Beroso (s. III a. C.):

En el decimoséptimo año de su reinado, Ciro salió de Persia con un numeroso ejército, sometió todo el resto de Asia y marchó contra Babilonia. Cuando Nabonido tuvo noticias de su marcha, salió al encuentro con su ejército y le hizo frente; pero fue vencido en la batalla y, huyendo con una pequeña escolta, se encerró en la ciudad de Borsippa. Ciro se apoderó de Babilonia y, después de hacer abatir los muros exteriores de la ciudad porque ésta le parecía demasiado fuerte y difícil de tomar, levantó el campo para ir a Borsippa a poner sitio a Nabonido. Pero éste no esperó el asedio sino que

Tumba de Ciro en Pasargada (Irán), donde según las fuentes clásicas fue enterrado en un féretro de oro. El rey falleció en el 530 a. C., nueve años después de haber conquistado la ciudad de Babilonia.

se rindió antes; Ciro le trató con humanidad y le hizo abandonar Babilonia, entregándole Carmania [hoy Kermán, en Irán] para su residencia, Nabonido pasó en aquel lugar el resto de su vida y allí murió.

Aunque parece que Babilonia sucumbió sin necesidad de ser sitiada, el historiador griego Heródoto nos ofrece a mediados del siglo V a. C. su particular visión, con no poca dosis de fantasía, sobre el asedio y la posterior toma de la ciudad por los soldados de Ciro:

[...] Los babilonios presentaron batalla, pero vencidos en la lucha, se encerraron dentro de la plaza. Pero como ya sabían muy bien de antemano que Ciro no se estaría quieto, pues le veían acometer

contra todos los pueblos sin distinción, habían intro-
ducido ya en la ciudad víveres para muchísimos
años. Y así, les tenía sin cuidado alguno el asedio,
mientras que Ciro estaba perplejo, porque pasaba
mucho tiempo y su empresa nada adelantaba. Al fin,
en medio de su apuro, ya sea que alguien se lo acon-
sejó, ya sea que él mismo se dio cuenta de lo que
debía hacer, lo cierto es que hizo lo siguiente. [...] los
persas, que habían sido apostados a tal efecto, penetraron en Babilonia por el cauce del río Éufrates, que
había bajado hasta no llegar sino, aproximadamente,
a la altura de medio muslo de un hombre. Ahora
bien, si los babilonios hubiesen sabido con tiempo o
comprendido lo que Ciro estaba haciendo, habrían
dejado entrar a los persas en la ciudad y les habrían
causado una terrible mortandad; porque con cerrar
todas las poternas que dan al río y subirse ellos a los
muros tendidos a lo largo de las orillas del río, los
habrían podido coger como en un cepo. Pero el caso
es que los persas se les presentaron de improviso. Y
debido a la gran extensión de la ciudad, según cuentan los que allí habitan, habían caído ya los barrios
extremos de la ciudad cuando los babilonios que
vivían en el centro no sabían aún que aquéllos
habían caído, sino que, como dio la coincidencia que
era para ellos un día de fiesta, se hallaban en aquel
momento bailando y divirtiéndose, hasta que al fin
pudieron enterarse muy bien de todo. Así fue
tomada Babilonia por vez primera.

*Historias I,* 191

¿Qué nos cuentan las fuentes persas sobre este
gran acontecimiento? El llamado Cilindro de Ciro,
descubierto en Babilonia y escrito en acadio, nos

relata desde la óptica persa cuál fue la actitud del monarca al conquistar la capital mesopotámica. En este texto cuneiforme, de evidente contenido propagandístico, Ciro nos describe que, como protegido del dios Marduk, fue acogido por los babilonios como un rey salvador frente a los abusos de un individuo impío como Nabonido. El objetivo no era otro que legitimar su poder arguyendo una perfecta armonía con los dioses, es decir, respetando las viejas tradiciones babilónicas:

> [...] Marduk [...] buscó un príncipe justo que se adecuara a su corazón, y lo tomó de la mano: Ciro, rey de Anshan, lo llamó, y para que se hiciera con el dominio de la totalidad pronunció su nombre. [...] le ordenó que fuera a Babilonia e hizo que tomara al camino de Babilonia. Como amigo y compañero caminó a su lado. Sus numerosas huestes, cuya cantidad era inmensa como el agua de un río, marchaban con sus armas a su lado. Sin combate y sin lucha le permitió entrar en la ciudad de Babilonia. Salvó a Babilonia de la opresión. A Nabonido, rey que no lo honraba, lo puso en sus manos. Todos los habitantes de Babilonia, el país de Sumer y el país de Acad en su totalidad, príncipes y gobernadores se postraron de hinojos ante él, besaron sus pies, se alegraron de que fuera el rey; sus rostros estaban resplandecientes. [...] Yo Ciro, rey del universo, rey poderoso, rey de Babilonia, rey de Sumer y de Acad, rey de los cuatro cuadrantes [...]. Mis numerosas huestes desfilaron pacíficamente a través de Babilonia. [...] La ciudad de Babilonia y todos sus centros de culto mantuve en buen estado. [...] A los habitantes de Babilonia [...] les permití que encontraran descanso a su fatiga, los liberé de su servidumbre. Marduk, el gran señor se regocijó con mis obras.

El Cilindro de Ciro fue hallado en 1879 en Babilonia.

Sin embargo, este relato diverge sensiblemente, como por otro lado cabía esperar, del ofrecido por el historiador ateniense Jenofonte a comienzos del siglo IV a. C. Nos habla este autor del reparto de los bienes de la ciudad entre los soldados vencedores, de la imposición del pago de tributos a los babilonios y de su sometimiento a servidumbre:

> Una vez realizada esta operación [la toma de Babilonia], Ciro llamó a los magos y ordenó que, como la ciudad era conquista de guerra, escogieran para los dioses primicias y recintos sagrados. Acto seguido, distribuyó las casas y los edificios públicos entre aquellos que estimaba que habían tomado parte en las acciones realizadas. Y así distribuyó, como se había decidido, lo mejor para los más valientes e invitó a que, si alguien creía haber recibido menos de lo que merecía, viniera a explicárselo. Anunció a los babilonios que tenían que cultivar la tierra, pagar tributos y servir a quienes cada uno de ellos hubiera sido adjudicado. Y, a los persas que habían tomado parte en las acciones y a cuantos aliados elegían quedarse a su lado, les ordenó dirigirse como soberanos a los babilonios que habían recibido.
>
> *Ciropedia VII, 5, 35-36*

En definitiva, al margen de los diversos grados de fiabilidad de las fuentes escritas referidas a la toma de Babilonia en el 539 a. C., una cosa es indiscutible: con la conquista persa se ponía fin a la larga historia de Mesopotamia como entidad política independiente. Babilonia pasaba a ser una provincia –o satrapía– más de un vasto imperio, cuyo monarca tenía su residencia en Susa y Persépolis, en el actual Irán. La provincia de

Babilonia estaba ahora controlada por un gobernador persa procedente de la alta nobleza del imperio, que llevaba el título babilonio de *pahatu* o *bêl pahati* ('gobernador provincial').

## ALEJANDRO MAGNO Y BABILONIA: EL ENCUENTRO DE OCCIDENTE Y ORIENTE

En el año 336 a. C. se produjo el asesinato de Filipo II y el subsiguiente ascenso al trono de Macedonia de su joven hijo Alejandro III, más conocido como *el Magno*. En esa misma fecha, Darío III se hizo con el poder en el Imperio aqueménida. Las ambiciones expansionistas de ambas potencias militares no tardaron en entrar en conflicto abierto en varios frentes, hasta que el 1 de octubre del 331 a. C. las tropas macedonias derrotaron de forma definitiva a su gran enemigo de Oriente en las planicies de Gaugamela, al este del Tigris. Con esta victoria Alejandro, a partir de entonces «rey de Asia», se hizo con el control de las provincias más importantes del Imperio persa, entre ellas Babilonia, que destacaba por su prosperidad y la cuantía de los tributos que aportaba. Su entrada triunfal en la ciudad se produjo en noviembre de aquel mismo año. Según nos cuentan las fuentes grecorromanas (Arriano entre ellas), la vieja urbe se entregó al macedonio de forma absolutamente pacífica.

Así relataba el historiador romano Quinto Curcio Rufo, en el siglo I d. C., la entrada de Alejandro en la milenaria Babilonia, en la que según este autor se detuvo más tiempo que en ningún otro lugar conquistado:

> Por lo demás, hizo a sus propios soldados formar, en cuadro y bajo su propio mando dio orden

de que entraran en la ciudad. Gran parte de los babilonios se habían colocado sobre las murallas, deseosos de conocer a su nuevo rey. Muchos salieron de la ciudad a su encuentro. Entre estos se encontraba Bagófanes, guardián de la ciudadela y de la fortuna real, el cual, para no verse superado en celo por Mazeo, había cubierto todo el camino de flores y coronas y había hecho colocar a ambos lados altares de plata colmados de incienso y toda clase de perfumes. Tras él avanzaban, para ser entregadas como obsequio, manadas de ganado y de caballos, así como leones y panteras que eran transportados en jaulas. Después venían los Magos, cantando sus cantos tradicionales, y, tras ellos, los caldeos y, de entre los babilonios, no sólo los sacerdotes sino también los artistas con sus características liras. Estos suelen cantar las alabanzas de los reyes y los caldeos señalar los movimientos de los astros y las establecidas sucesiones de las estaciones. Cerraba la marcha la caballería babilónica, adornados los jinetes y enjaezados los caballos con más ostentación que auténtica grandeza. El rey, rodeado de hombres armados, dio orden a la muchedumbre de los habitantes de la ciudad de marchar tras de las últimas filas de su infantería; él, montado en su carro, hizo su entrada en la ciudad y, acto seguido, en el palacio real.

*Historia de Alejandro Magno V,* 1, 19-23

El general y su ejército desfilaron por la espectacular Vía Procesional y entraron por la Puerta de Ishtar, para dirigirse al llamado palacio meridional. Babilonia, que debía de estar habitada por cincuenta mil personas en aquella época, se postró a los pies del conquistador llegado desde Occidente. Alejandro se mostró como un rey magnánimo y libertador de una ciudad oprimida. Llegó a realizar, incluso, ofrendas al dios Marduk, en una hábil maniobra para presentarse ante los babilonios como un rey piadoso, a imitación de los monarcas mesopotámicos.

Pero este fastuoso recibimiento dispensado a Alejandro debe ser matizado. Los babilonios ya habían deparado una acogida similar a otros conquistadores de la ciudad. Es el caso del rey asirio Sargón II en el 710 a. C. y del monarca aqueménida Ciro en el 539 a. C., como ya vimos. Ambos fueron recibidos no en calidad de liberadores, sino de temidos invasores, a los que era más inteligente acoger pacíficamente como nuevos soberanos de la ciudad que tentar su ira destructora. Tras la victoria del macedonio en Gaugamela y la huida del rey Darío III, no había más opción que recibir con cordialidad al gran general. Además, está probado que cuando Alejandro se presentó ante las murallas de Babilonia ya se había llegado a una serie de acuerdos previos. De hecho, en el reverso de un texto astronómico, hallado en Babilonia y datado en el 331-330 a. C., aparecen impresas las siguientes palabras del conquistador macedonio a los habitantes de la ciudad: «No penetraré en vuestras casas». Alejandro, conocedor del prestigio y de la antiquísima historia de Babilonia, hizo todo lo posible para que la ocupación fuera apacible y digna.

Es evidente que Alejandro y los suyos quedaron impresionados por la belleza, la antigüedad y el prestigio de Babilonia. El general sucumbió a todas las seducciones de la ciudad. Fue tal el impacto y la fascinación que experimentó, que en ese momento decidió convertir Babilonia en el pilar central de su imperio. De hecho, según el geógrafo Estrabón, que vivió en el cambio de era, tenía entre sus grandes proyectos para la ciudad la reconstruc-

Detalle del mosaico de la Casa del Fauno de Pompeya. Alejandro Magno combate contra el rey persa Darío III en la batalla de Iso (333 a. C.).

ción del zigurat Etemenanki. Este había sufrido diversos daños en tiempos del rey persa Jerjes (486-465 a. C.), quizás sobrevalorados por las fuentes griegas:

> Aquí también está la tumba de Belo [Etemenanki], ahora en ruinas, que había sido demolida por Jerjes, como ya se dijo. Era una piràmide cuadrangular de ladrillo cocido que no sólo tenía un estadio de alto, sino que también sus lados medían un estadio de largo. Alejandro tenía la intención de reparar esta pirámide; pero habría sido una gran tarea y habría requerido mucho tiempo (solamente la limpieza del montículo suponía un trabajo para diez mil hombres durante dos meses), por lo que no pudo terminar lo que quería, ya que inmediatamente el rey fue derrotado por la enfermedad y la muerte. Ninguno de sus sucesores se interesó por este asunto.
>
> *Geografía XVI*, 1, 5

Los historiadores griegos gustaban de presentar al rey Jerjes como un tirano intolerante, que había castigado duramente las rebeliones de los babilonios contra su persona. Desconocemos el grado de deterioro real que había sufrido el zigurat de Babilonia en tiempos de la dinastía aqueménida. Sin embargo, Alejandro, cuyo encuentro con Babilonia le dejó una honda huella, asumió como propia la vieja tradición monárquica de reparar y embellecer los templos de la ciudad. El macedonio se ajustaba con ello a las viejas tradiciones de la realeza babilónica.

El 10 de junio del año 323 a. C. Alejandro Magno murió en una de las salas del palacio de Babilonia, a la temprana edad de treinta y tres años, a su regreso de la India. El sueño del conquistador macedonio de transformar Babilonia en el centro de su vasto imperio había llegado a su fin. Nacía el mito de Alejandro.

## LOS ÚLTIMOS DÍAS DE BABILONIA

Con la muerte de Alejandro se inició una nueva era en la que el Oriente antiguo se abrió a la cultura helenística. La herencia del macedonio en Mesopotamia fue a parar a manos de su general Seleuco, que se impuso en el año 305 a. C. con el apoyo de Babilonia a otros diádocos, entre ellos a Antígono. El monarca Seleuco I (305-281 a. C.) puede ser considerado el último de los reyes constructores a la usanza mesopotámica, que por inteligencia política supo adaptar su poder a las condiciones ideológicas locales. Así, hacia el año 300 a. C. el rey helenístico fundó en las orillas del Tigris, a unos sesenta kilómetros al este de Babilonia, una nueva ciudad, por nombre Seleucia. Esta nueva urbe encerraba todo un programa ideológico, pues representaba la afirmación de un nuevo poder personal. Sin renunciar, en apariencia, a las viejas tradiciones locales, Seleucia del Tigris se presentaba como la expresión del nuevo poder helenístico en Oriente Próximo. En realidad, la ciudad fue concebida por Seleuco I como el símbolo del poder greco-macedonio y, por ende, como una ruptura profunda con respecto al pasado babilónico.

Seleucia fue pensada como una «ciudad poderosa y ceñida de murallas», en palabras del historiador romano Tácito. Era una ciudad imponente, que debía ser acorde con su función: sustituir como centro político y administrativo a la no menos monumental Babilonia. Por esta razón, Seleucia fue trazada como la

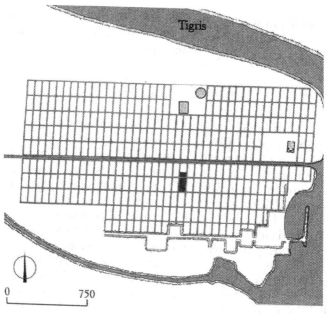

Plano de la ciudad de Seleucia del Tigris, fundada por el rey
Seleuco I hacia el año 300 antes de Cristo.

principal ciudad de Mesopotamia, ya que abarcaba
cerca de quinientas cincuenta hectáreas. Su urbanismo
se inspiró claramente en la tradición griega hipodá-
mica. La nueva fundación real fue una hábil operación
política de Seleuco I, con la que se creaba un foco de
difusión de la cultura genuinamente helenística en
Oriente, pero revestido de una fachada de aspecto
babilónico.

La fundación de Seleucia del Tigris marca el final
de la supremacía política de la antigua metrópolis
babilónica, que será confirmada definitivamente con la
conquista de los partos arsácidas en el año 141 a. C.

Babilonia ya no estará en el corazón de los acontecimientos políticos, aunque su importancia cultural aún sobrevivirá algunos siglos más. No será hasta la conquista de los persas sasánidas en el siglo III d. C., cuando el silencio se instale en las fuentes literarias y arqueológicas en lo referente a Babilonia.

Con la llegada del islam, la vieja capital mesopotámica quedó reducida a una pequeña aldea que, a pesar de su insignificancia, dio origen a no pocas leyendas. La Babilonia histórica había muerto. La Biblia y los autores clásicos se ocuparon de mantener vivo su recuerdo en Occidente hasta los primeros años del siglo XX, momento en que la arqueología rescató a Babilonia del mito y la devolvió a la historia.

# ANEXOS

# Cronología

Los historiadores suelen organizar la historia de Babilonia en varios períodos, que van desde la fundación de la primera dinastía hasta la conquista de la ciudad por los persas (1894-539 a. C.). A esta división (Paleobabilónico, Mediobabilónico, Neobabilónico inicial y Neobabilónico clásico), no exenta de cierta artificialidad, debemos añadir otras dos etapas, a saber: el llamado período Tardobabilónico, que comprendería las dominaciones persa-aqueménida, macedonia y seléucida; y, por último, un período un tanto heterogéneo, que podríamos denominar Postbabilónico, que incluye las dinastías parta-arsácida y persa-sasánida. La llegada del islam en el siglo VII d. C. abrió una nueva etapa histórica en la región.

| | |
|---|---|
| 3200 a. C. | Invención de la escritura en Uruk. |
| 2700-2334 a. C. | Primeras dinastías sumerias. |
| 2334-2193 a. C. | Imperio semita de Acad. Primera mención escrita sobre Babilonia. |

| | |
|---|---|
| 2112-2004 a. C. | Renacimiento sumerio con la tercera dinastía de Ur. |
| 1894 a. C. | Fundación de la primera dinastía de Babilonia por el rey Sumuabum. |
| 1792 a. C. | Llegada al trono de Babilonia del rey amorreo Hammurabi. |
| 1787-1759 a. C. | Construcción del Imperio de Babilonia por parte de Hammurabi. |
| 1750 a. C. | Muerte de Hammurabi. |
| 1595 a. C. | Los hititas conquistan Babilonia. |
| 1530 a. C. | Burnaburiash I es el primer monarca kasita que reina sobre Babilonia. |
| 1380 a. C. | Llegada al trono de Kurigalzu I y construcción de la ciudad de Dur-Kurigalzu. |
| 1374-1333 a. C. | Los reyes kasitas Kadashman-Enlil I y Burnaburiash II mantienen relaciones diplomáticas con Egipto. |
| 1235 a. C. | El rey asirio Tukulti-Ninurta I conquista Babilonia. |
| 1158 a. C. | Los elamitas invaden y saquean Babilonia. Se llevan a Susa, como botín de guerra, el Código de Hammurabi. |
| 1126 a. C. | Nabucodonosor I, cuarto rey de la segunda dinastía de Isin, logra un gran triunfo sobre los elamitas. |
| 1026-900 a. C. | Babilonia vive una larga etapa de inestabilidad política. Invasión aramea. |
| 814 a. C. | Acuerdos de amistad entre Asiria y Babilonia. |
| 728 a. C. | El rey asirio Tiglat-piléser III se proclama soberano de Babilonia. |
| 721 a. C. | El príncipe caldeo Marduk-apla-iddin gobierna durante diez años en Babilonia. |
| 702 a. C. | Senaquerib restablece el control asirio sobre Babilonia. |

| | |
|---|---|
| 689 a. C. | Senaquerib destruye Babilonia como castigo por la muerte de su hijo. |
| 680-669 a. C. | Asarhadon inicia la reconstrucción de Babilonia. |
| 668-648 a. C. | El príncipe asirio Shamash-shum-ukin reina sobre el país babilónico. |
| 652 a. C. | Shamash-shum-ukin se rebela contra su hermano, el rey Asurbanipal. |
| 647 a. C. | El asirio Kandalanu se convierte en nuevo rey de Babilonia. |
| 626 a. C. | El príncipe caldeo Nabopolasar se hace con el trono de Babilonia e inaugura el llamado período Neobabilónico. |
| 612 a. C. | Caída de Nínive, la capital de Asiria, provocada por una coalición de medos y babilonios. |
| 605 a. C. | Llegada al trono de Babilonia de Nabucodonosor II. |
| 597 a. C. | Primera toma de Jerusalén y deportación de la élite judaíta a Babilonia. |
| 590 a. C. | Finalización de la construcción del zigurat de Babilonia, la famosa Torre de Babel. |
| 587 a. C. | Segunda toma de Jerusalén por Nabucodonosor II. |
| 556 a. C. | Llegada al trono del rey Nabonido, último rey de Babilonia. |
| 551 a. C. | Retiro de Nabonido al desierto de Teima, en Arabia. |
| 539 a. C. | Conquista de Babilonia por el rey persa Ciro el Grande. |
| 331 a. C. | Batalla de Gaugamela, cerca de Nínive, en la que Alejandro Magno derrota a los persas. Entrada del macedonio en Babilonia. |

| | |
|---|---|
| 323 a. C. | Muerte de Alejandro Magno en el palacio de Babilonia. |
| 305 a. C. | Seleuco I funda la dinastía helenística de Mesopotamia, los seléucidas. |
| 141 a. C. | Mitríades I establece la dinastía arsácida en Babilonia. |
| 224 d. C. | Ardashir, primer monarca sasánida, fue coronado en Ctesifonte, ciudad situada al norte de Babilonia. |
| 634 d. C. | Muerte de Yezdigird III, último rey sasánida, y subsiguiente llegada del islam. |

# Glosario

*Acadio:* lengua semítica hablada por las poblaciones de Mesopotamia entre el III y I milenio a. C., que se convertirá en la lengua franca de los reinos de Oriente Próximo. Sus principales dialectos son el asirio y el babilonio.

*Adad-guppi:* madre del rey babilónico Nabonido (556-539 a. C.). Por su autobiografía se sabe que estaba muy vinculada al culto de Sin, dios de la Luna, en su templo de Harran, el último reducto del Imperio asirio.

*Adobe:* elemento de construcción fabricado con tierra y paja triturada, amasados con agua, al que se le daba forma con un molde de madera de formato cuadrangular o rectangular. En Mesopotamia se distinguen dos tipos de adobes: los adobes crudos, secados al aire y al sol; y los adobes cocidos en un horno, también llamados ladrillos. Debido a la escasez de piedra en la llanura aluvial mesopotámica, la arquitectura se caracteriza por ser una «arquitectura de tierra», es decir, de adobe y de ladrillo, materiales que se adaptaban muy bien a las condiciones

267

medioambientales de la región. De hecho, a Babilonia se le conoce como la «metrópoli de arcilla», ya que toda la ciudad fue construida con adobes crudos y cocidos.

*Akîtu:* nombre de una de las fiestas más antiguas y tradicionales de Mesopotamia. Era la celebración más importante del calendario religioso y en Babilonia conoció su mayor desarrollo. En esta ciudad, se correspondía con la fiesta del Año Nuevo, que duraba doce días.

*Amel-Marduk:* hijo del rey Nabucodonosor II. Reinó en Babilonia entre los años 561 y 560 antes de Cristo.

*Amorreo o amorrita:* pueblo semítico occidental de carácter seminómada, que se estableció en Mesopotamia a finales del III milenio a. C. La mención más antigua en los textos cuneiformes proviene de la ciudad sumeria de Shuruppak, hacia 2400 antes de Cristo.

*Anu:* padre de los dioses del panteón súmero-acadio, que estaba asistido por sus hijos Enlil y Enki. Los tres forman la llamada «triada suprema», que controlaba el mundo divino y humano.

*Apsu:* masa abisal de las aguas dulces situada bajo la superficie terrestre, de donde nacieron las aguas que alimentaban a Mesopotamia. Según el *Poema de la Creación*, mezcló sus aguas con las de la diosa Tiamat para engendrar los elementos primordiales en el origen del mundo.

*Aqueménida*: dinastía de reyes que gobernó el Imperio persa entre el 557 y el 331 a. C. Se consideraban descendientes de Aquemenes, el fundador de la dinastía. En el 539 a. C. pusieron fin al Imperio babilónico.

*Arameo:* pueblo semítico formado por tribus seminómadas que se asentaron en los principales centros urbanos de Oriente Próximo, incluida Mesopotamia, a partir de finales del II milenio a. C. En el territorio de la actual Siria, los arameos fundaron importantes principados.

*Asarhadon:* rey que gobernó en Asiria desde el 680 al 669 a. C. Entre sus grandes logros políticos se encuentran la conquista, aunque efímera, del delta del Nilo y el inicio de las obras de reconstrucción de la ciudad de Babilonia, destruida unos años antes por su padre.

*Asfalto:* sustancia natural de color negro que constituye la fracción más pesada del petróleo. Se le conoce también con el nombre de betún de Judea. En Babilonia el asfalto fue muy utilizado en la arquitectura de la ciudad (palacios, templos, murallas, etc.), ya fuera como producto para unir los ladrillos y adobes de los muros o para impermeabilizar.

*Asiria:* concepto con sentido político y geográfico, ya que hace referencia tanto a un antiguo reino mesopotámico como a la región que se extiende al norte y al este de la ciudad de Asur, en el valle del Tigris. En su acepción política, el reino de Asiria se corresponde con la expresión acadia *mât Asur* ('país del dios Asur'), que hace referencia a un estado teocrático donde el rey no era más que el sustituto de Asur, su dios nacional.

*Asur-nadin-shumi:* hijo del rey asirio Senaquerib. Entre los años 699 y 694 a. C. gobernó en Babilonia, donde fue víctima de una sublevación por parte de los babilonios.

*Awílu:* término acadio que designaba a un hombre, individuo o persona libre en posesión de todos sus derechos
y que gozaba de cierto prestigio en la sociedad paleo-
babilónica. Este sustantivo puede referirse también a
los miembros de la alta administración palacial. En
este caso, se podría traducir aproximadamente por
'aristócrata', 'señor' o 'noble'.

*Babilonia:* una de las más célebres ciudades de Mesopotamia,
su última gran capital, localizada actualmente a noventa
kilómetros al sur de Bagdad. Se refiere, así mismo, al
estado mesopotámico meridional, con sede en
Babilonia, que alcanzó su máxima extensión territorial
bajo el reinado de Nabucodonosor II (605-562 a. C.).

*Behistun:* inscripción rupestre trilingüe (en persa antiguo,
elamita y acadio) del rey persa Darío I (521-486 a. C.),
que fue grabada en un acantilado rocoso del oeste de
Irán. Fue una pieza clave en el proceso de desciframiento de la escritura cuneiforme.

*Bel:* nombre del dios Marduk, que significa 'Señor'.

*Bel-shar-usur:* también conocido como Baltasar en la Biblia
(Libro de Daniel), era hijo de Nabonido (556-539 a. C.),
rey de Babilonia. Se ocupó de regir el destino de
Babilonia durante los diez años en que su padre se
instaló en el desierto arábigo.

*Borsippa:* ciudad mesopotámica, hoy llamada Birs Nimrud,
situada a veinte kilómetros al suroeste de Babilonia. Su
impresionante zigurat fue confundido durante mucho
tiempo con los restos de la Torre de Babel. La ciudad
tenía a Nabu, hijo de Marduk, como dios patrón.

*Burnaburiash I:* primer miembro de la dinastía kasita atestiguado de forma segura como rey de Babilonia hacia el 1530 antes de Cristo.

*Burnaburiash II:* rey kasita (1359-1333 a. C.), que mantuvo una intensa relación diplomática con el Egipto faraónico, según se infiere de las cartas halladas en el archivo egipcio de el-Amarna.

*Calah:* una de las grandes capitales asirias del I milenio a. C., que hoy se conoce con el nombre de Nimrud. Situada a orillas del Tigris, a treinta y cinco kilómetros de Nínive, fue excavada por primera vez por el británico Henry Layard.

*Caldeo:* pueblo mal conocido, llamado *kaldu* en acadio. Se trata con toda probabilidad de semitas occidentales, originalmente nómadas, que se instalaron en la Baja Mesopotamia a comienzos del I milenio antes de Cristo.

*Ciro:* apodado *el Grande,* fue proclamado rey de Persia en el 557 a. C. Dieciocho años más tarde este monarca de la dinastía de los aqueménidas conquistó la ciudad de Babilonia, poniendo fin a la historia de los imperios mesopotámicos.

*Cuneiforme:* sistema de escritura que fue utilizado para expresar diferentes lenguas en una amplia área geográfica, que abarca la mayor parte de Oriente Próximo. El sumerio, el acadio, el hitita o el persa antiguo son algunas de las lenguas que se sirvieron de la escritura cuneiforme, en uso durante casi tres milenios. El último documento cuneiforme está fechado en el año 75 después de Cristo.

271

*Damkina:* esposa del dios Ea y madre de Marduk.

*Dur-Kurigalzu:* ciudad fundada hacia el año 1380 a. C. por el rey kasita Kurigalzu I, y que se encuentra localizada a unos cien kilómetros al noroeste de Babilonia. Destaca, entre otras cosas, por su palacio y su impresionante zigurat, que durante mucho tiempo fue confundido con la Torre de Babel.

*Dur-Sharrukin:* ciudad fundada por el rey asirio Sargón II hacia el año 706 a. C., que es conocida por los árabes como Horsabad. Fue la primera ciudad mesopotámica excavada por la arqueología europea en 1843, bajo la dirección del cónsul francés Paul-Émile Botta.

*Ea:* nombre en acadio del dios Enki.

*Elam:* antiguo país situado en la llanura iraní, cuyas diferentes dinastías rivalizaron del III al I milenio a. C. con los principales imperios mesopotámicos.

*El-Amarna:* nombre moderno de la antigua ciudad egipcia de Ahetatón, que fue fundada en el Egipto Medio por Ahenatón, faraón de la decimoctava dinastía. Allí trasladó su corte para lo que construyó palacios, templos a Atón, talleres y almacenes. Es famoso su archivo, donde se han conservado numerosas cartas que nos informan sobre las relaciones de la corte egipcia con otros reinos del Oriente antiguo a mediados del siglo XIV antes de Cristo.

*Enki:* también llamado Ea, en acadio, era el dios de las aguas dulces subterráneas. Su principal santuario estaba situado en la ciudad sumeria de Eridu. Junto a Anu y Enlil, formaba la triada de divinidades supremas.

*Enlil:* uno de los dioses más importantes del panteón sumerio y acadio. La etimología de su nombre ('Señor del viento') se ha puesto en duda recientemente, ya que se cree que es un dios sin ningún perfil atmosférico. Hoy se prefiere identificar a Enlil como «dios universal» o «cabeza del panteón». Su templo principal, el Ekur, se encontraba en Nippur, el gran centro religioso de Súmer.

*Enlil-nadin-ahi:* último rey de la dinastía kasita de Babilonia, tras ser derrotado por los elamitas en el 1155 antes de Cristo.

*Enùma elish:* también conocido como *Poema de la Creación*, es una obra babilónica que relata la creación de los dioses, del mundo y de los hombres, así como las hazañas de Marduk, el dios nacional de Babilonia.

*Esagil:* nombre del santuario bajo del dios Marduk en Babilonia, donde residía junto a su esposa Zarpanitu y su hijo Nabu.

*Etemenanki:* denominación con la que los babilonios conocían al templo alto de Marduk en su ciudad, es decir, al zigurat de Babilonia. Hoy es universalmente conocido como Torre de Babel.

*Éufrates:* uno de los dos grandes ríos que dieron forma a la geografía y la historia del país mesopotámico. Era denominado *Purattu* en lengua acadia. Atravesaba y dividía en dos partes la ciudad de Babilonia.

*Galzu:* término utilizado por los kasitas para autodenominarse.

*Gandash:* según la lista real babilónica, la dinastía kasita fue inaugurada por este rey, que debió ser coetáneo a Samsuiluna (1749-1712 a. C.), hijo y sucesor de Hammurabi en el trono de Babilonia.

*Gilgamesh:* gran héroe mesopotámico protagonista de un bello poema épico, cuyo argumento central es la búsqueda de la inmortalidad. En su origen fue un personaje histórico, rey de la ciudad de Uruk en la primera mitad del III milenio antes de Cristo.

*Hammurabi:* sexto rey de la primera dinastía de Babilonia (1792-1750 a. C.), que se ha hecho muy célebre por la estela de su código de leyes, hoy conservada en el Museo del Louvre.

*Harran:* último reducto del Imperio neoasirio, tras la caída de Nínive en el 612 a. C. En este enclave, ubicado en el sureste de Turquía, se refugió hasta el 610 a. C. Assuruballit II, el último rey de Asiria.

*Ishtar:* gran diosa mesopotámica, conocida también con el nombre sumerio de Inanna. Se le atribuyen amplios poderes en los campos del amor y de la guerra.

*Joaquín:* rey de Judá que se sublevó contra los babilonios. Este conflicto concluyó en el 597 a. C. con la toma y saqueo de Jerusalén. El rey y su familia fueron deportados a Babilonia por Nabucodonosor II.

*Kadashman-Enlil I:* soberano de la Babilonia kasita (1374-1360 a. C.), que mantuvo, según el archivo de el-Amarna, una estrecha actividad diplomática con el Egipto faraónico.

*Kandalanu:* rey de Babilonia en el 647 a. C. de origen asirio.

*Karduniash:* concepto de origen kasita utilizado para referirse a Babilonia.

*Kasita:* pueblo de origen desconocido que llegó a dominar la historia de Babilonia, especialmente entre los siglos XIV y XII a. C. Sus miembros recibían el nombre de *kashshu* en acadio y de *galzu* en kasita.

*Kudurru:* pequeña estela de piedra con inscripción cuneiforme y símbolos grabados característica del período Kasita de Babilonia, que literalmente significa 'linde'.

*Kurigalzu I:* rey kasita que, a comienzos del siglo XIV a. C., mandó construir la ciudad de Dur-Kurigalzu. Fue la capital administrativa de los monarcas kasitas.

*Labashi-Marduk:* efímero rey de Babilonia, que apenas alcanzó el año de reinado en el 556 antes de Cristo.

*Marduk:* dios nacional de Babilonia, que adquirió relevancia religiosa a partir del reinado de Hammurabi en el siglo XVIII a. C. al equipararse con el dios Enlil.

*Marduk-apli-iddin II:* rey de Babilonia entre los años 721 y 710 a. C. Este monarca aparece en la Biblia con el nombre de Merodak-Baladán.

*Mari:* gran metrópoli del Medio Éufrates, fundada hacia el 2900 a. C. con una planta circular de dos kilómetros de diámetro. El rey Hammurabi puso fin a su historia hacia el 1759 a. C. Es famosa por su palacio, el mejor conocido de Oriente Próximo, y sus archivos escritos en lengua amorrea.

*Mediobabilónico:* período de la historia de Babilonia (1595-1026 a. C.), que estuvo dominado por la monarquía kasita y la segunda dinastía de Isin.

*Mushjushu:* término acadio para referirse a la 'serpiente aterradora' o animal híbrido formado con partes de varios animales (león, águila, serpiente y escorpión), que decoraba la Puerta de Ishtar en Babilonia. Es el símbolo del dios Marduk.

*Mushkênu:* sustantivo acadio que literalmente significa 'el que se inclina'. Hombre libre sin prestigio social, que constituía el grueso de la población paleobabilónica.

*Nabonido:* último rey de la historia de Babilonia, que fue derrotado por Ciro el Grande en el 539 antes de Cristo.

*Nabopolosar:* primer rey de la undécima dinastía de Babilonia, que inauguró el llamado período Neobabilónico clásico, también llamado caldeo. Gobernó entre el 626 y 605 a. C. y fue sucedido por su hijo Nabucodonosor II.

*Nabu:* hijo de Marduk y Zarpanitu, es el dios de la escritura y de los escribas, por esta razón su símbolo divino es el cálamo, instrumento utilizado para trazar los signos cuneiformes en las tablillas de arcilla.

*Nabucodonosor I:* cuarto rey de la segunda dinastía de Isin, que durante su mandato (1126-1105 a. C.) obtuvo una gran victoria sobre los elamitas, recordada durante largo tiempo en Babilonia.

*Nabucodonosor II:* uno de los grandes reyes del período Neobabilónico Clásico, que dominó gran parte de Oriente Próximo entre el 605 y el 562 a. C. Entre sus mayores logros militares se encuentran la toma, en dos ocasiones (597 y 587 a. C.), de Jerusalén y la posterior deportación de la élite del reino de Judá a Babilonia. Fue, además, el embellecedor de la ciudad de Babilonia.

*Naditu:* sacerdotisa babilónica, que podía casarse pero no tener hijos según el Código de Hammurabi.

*Neobabilónico:* período de la historia de Babilonia, que se suele dividir en Neobabilónico inicial (1026-626 a. C.) y clásico (626-539 a. C.).

*Neriglisar:* rey de Babilonia entre los años 559 y 556 antes de Cristo.

*Ninhursag:* diosa madre del panteón mesopotámico.

*Nínive:* situada en la ribera oriental del Tigris, fue la más célebre de las capitales asirias. La ciudad ya aparece citada en el prólogo del Código de Hammurabi y alcanzó su final al ser tomada por una coalición de medos y babilonios en el 612 a. C. La mayor parte de sus tesoros artísticos pueden contemplarse hoy en el Museo Británico.

*Ordalía:* era el dictamen de los dioses a través del río, en los casos de acusaciones graves, según consta en el Código de Hammurabi. Se trataba de una prueba irracional utilizada ante la falta de una prueba material. El juicio del río tenía como objetivo que el acusado demostrara su inocencia.

*Paleobabilónico:* período de la historia de Babilonia que comienza con la fundación de la primera dinastía de Babilonia, en el 1894 a. C. y se prolonga hasta la toma de la ciudad por los hititas, en el 1595 antes de Cristo.

*Persa:* fue uno de los principales pueblos indoeuropeos que, junto a los medos, se instaló a comienzos del I milenio a. C. en la meseta iraní. Destaca la dinastía aqueménida (557-331 a. C.).

*Senaquerib:* rey asirio de la dinastía de los sargónidas, que controló Babilonia mediante virreyes sometidos a su autoridad. En el 689 a. C. arrasó la ciudad al ser asesinado su hijo Assur-nadin-shumi, virrey de Babilonia.

*Shamash:* divinidad protectora de la justicia, que era conocida también como el dios «Sol». Utu fue su nombre en lengua sumeria. Su templo principal estaba en la ciudad de Sippar.

*Shamash-shum-ukin:* hijo del rey asirio Asarhadon. Como virrey de Babilonia se enfrentó sin éxito a su hermano Asurbanipal entre el 652 y 648 antes de Cristo.

*Shutruk-Nahhunte I:* rey elamita, que junto a su hijo Kutir-Nahhunte conquistaron y saquearon Babilonia entre el 1158 y el 1155 a. C. Se llevaron hasta Susa varias obras de arte mesopotámico, entre ellas la estela del Código de Hammurabi.

*Sin:* dios de la luna y tutelar de la ciudad de Ur. Tuvo gran veneración en la ciudad de Harran, en Turquía.

*Sippar:* ciudad mesopotámica situada a treinta kilómetros al sureste de Bagdad. Albergaba el Ebabbar o 'Casa Blanca', el templo del dios Shamash.

*Súmer:* país del sur de Mesopotamia donde se desarrolló a lo largo del III milenio a. C. la historia de las primeras ciudades-estado. Entre ellas, cabe destacar Uruk, Ur, Kish, Girsu, Umma o Nippur.

*Sumerio:* lengua hablada en el sur de Mesopotamia durante el III milenio a. C. Posteriormente se convirtió en lengua culta, pues no se hablaba pero se estudiaba en las escuelas de escribas. En la actualidad, se la considera una lengua aislada, es decir, que no está emparentada con ninguna de las grandes familias lingüísticas conocidas.

*Sumuabum:* rey fundador en el 1894 a. C. de la primera dinastía de Babilonia.

*Susa:* situada en el suroeste de Irán, fue junto a Anshan una de las dos capitales del Imperio elamita.

*Tardobabilónico:* período de la historia de Babilonia que se corresponde con los siglos VI y II antes de Cristo.

*Teima:* lugar del desierto de Arabia donde se retiró el rey de Babilonia Nabonido durante diez años (551-541 a. C.).

*Tiamat:* entidad primordial compuesta de agua salada, y esposa del dios primigenio Apsu.

*Tiglat-piléser III:* se le considera el verdadero fundador del Imperio neoasirio y en el 728 a. C. fue proclamado rey de Babilonia.

*Tigris:* uno de los dos ríos mesopotámicos, llamado *Idiglat* en acadio. En torno a su valle se desarrolló toda la historia de Asiria entre el II y el I milenio antes de Cristo.

*Torre de Babel:* nombre por el que se conoce en el Antiguo Testamento (Génesis, 11) al zigurat de Babilonia.

*Tukulti-Ninurta I:* rey asirio que conquistó y ocupó la Babilonia kasita hacia el año 1235 antes de Cristo.

*Uruk:* ciudad del sur de Mesopotamia donde han aparecido los primeros textos de la historia, fechados hacia el 3200 antes de Cristo.

*Wardu:* término usado en el Código de Hammurabi para denominar a los esclavos. La condición de esclavo se adquiría por nacimiento, por deudas o por ser prisionero de guerra.

*Zigurat:* edificio propio de Mesopotamia que tiene el aspecto de una montaña artificial. Se caracteriza por tener una estructura formada por la superposición de terrazas, que decrecen de tamaño conforme se asciende. Sobre esta construcción de forma escalonada se encontraba un templo. El zigurat de Babilonia, el Etemenanki, estaba consagrado al dios Marduk.

# Bibliografía

ALGAZE, Guillermo. *El sistema-mundo de Uruk*. Barcelona: Bellaterra, 2004.
—, *La antigua Mesopotamia en los albores de la civilización*. Barcelona: Bellaterra, 2008.

ASCALONE, Enrico. *Mesopotamia. Asirios, sumerios y babilonios*. Barcelona: Electa, 2006.

AUBET, María Eugenia. *Comercio y colonialismo en el Próximo Oriente antiguo*. Barcelona: Bellaterra, 2007.

BOTTÉRO, Jean (ed.). *La Epopeya de Gilgamesh*. Madrid: Akal, 1998.
—, *La religión más antigua: Mesopotamia*. Madrid: Trotta, 2001.
—, *Mesopotamia. La escritura, la razón y los dioses*. Madrid: Cátedra, 2004.
—, y KRAMER, Samuel Noah (eds.). *Cuando los dioses hacían de hombres. Mitología mesopotámica*. Madrid: Crítica, 2004.

CARATINI, Roger. *Los matemáticos de Babilonia*. Barcelona: Bellaterra, 2004.

CASSIN, Elena; BOTTÉRO, Jean y VERCOUTTER, Jean. *Los imperios del antiguo Oriente*. Madrid: Siglo XXI, 1970.

CÓRDOBA, Joaquín. *Genio de Oriente*. Madrid: Akal, 1995.
—, y PÉREZ DIE, Carmen (coords.). *La arqueología española en Oriente. Nacimiento y desarrollo de una nueva ciencia*. Madrid: Ministerio de Cultura, 2006.

CURATOLA, G. y otros. *El arte en Irak. De los sumerios a los califas*. Barcelona: Lunwerg, 2006.

CURTIS, John y READE, Julian (eds.). *Arte e imperio. Tesoros asirios del British Museum*. Alicante: MARQ, 2007.

D'AGOSTINO, Franco. *Gilgamesh o la conquista de la inmortalidad*. Madrid: Trotta, 2007.

FOSTER, Benjamin y FOSTER, Karen. *Las civilizaciones antiguas de Mesopotamia*. Barcelona: Crítica, 2011.

FRANKFORT, Henry. *Arte y arquitectura del Oriente antiguo*. Madrid: Cátedra, 1996.
—, *Reyes y dioses*. Madrid: Alianza Editorial, 2001.

GARELLI, Paul. *El Próximo Oriente Asiático desde los orígenes hasta las invasiones de los pueblos del mar*. Barcelona: Nueva Clío, 1987.
—, y NIKIPROWETZKY, V. *El Próximo Oriente Asiático. Los imperios mesopotámicos*. Israel. Barcelona: Nueva Clío, 1985.

GONZÁLEZ ECHEGARAY, Joaquín. *El Creciente Fértil y la Biblia*. Estella: Verbo Divino, 2011.

GORDON CHILDE, Vere. *Nacimiento de las civilizaciones orientales*. Barcelona: Península, 1968.

HANSEN, Svend y otros (eds.). *Alejandro Magno. Encuentro con Oriente*. Madrid: CAM, 2010.

HROUDA, Barthel (ed.). *El antiguo oriente. La cuna de la civilización*. Barcelona: Plaza y Janes, 1991.
—, *Mesopotamia. Las antiguas culturas entre el Tigris y el Éufrates*. Madrid: Acento, 2001.

KLIMA, Josef. *Sociedad y cultura en la antigua Mesopotamia*. Madrid: Akal, 1989.

KRAMER, Samuel Noah. *El matrimonio sagrado en la antigua Súmer*. Sabadell: Ausa, 1999.
—, *La historia empieza en Súmer*. Madrid: Alianza Editorial, 2010.

LEICK, Gwendolyn. *Mesopotamia*. Barcelona: Paidós, 2002.

LÉVÊQUE, Pierre (dir.). *Las primeras civilizaciones. De los despotismos orientales a la ciudad griega*. Madrid: Akal, 1991.

LIVERANI, Mario. *El antiguo Oriente*. Barcelona: Crítica, 1996.
—, *Relaciones internacionales en el Próximo Oriente antiguo, 1600-1100 a. C.* Barcelona: Bellaterra, 2003.
—, *Uruk. La primera ciudad*. Barcelona: Bellaterra, 2006.

LÓPEZ, Jesús y SANMARTÍN, Joaquín. *Mitología y religión del Oriente Antiguo. Egipto-Mesopotamia*. Sabadell: Ausa, 1993.

KUHRT, Amélie. *El Oriente Próximo en la Antigüedad*. Barcelona: Crítica, 2000.

MARGUERON, Jean Claude. *Los mesopotámicos*. Madrid: Cátedra, 1996. (Existe edición actualizada y aumentada de 2003, sólo en lengua francesa).

MARZAHN, Joachim. *La puerta de Ishtar en Babilonia*. Mainz: Verlag Philipp von Zabern, 1993.

MCCALL, Henrietta. *Mitos mesopotámicos*. Madrid: Akal, 1999.

MOLINA, Manuel. *La ley más antigua. Textos legales sumerios*. Madrid Trotta, 2000.

MONFERRER SALA, Juan Pedro y MARCOS ALDÓN, Manuel (eds.). *Lenguas y escrituras en la Antigüedad*. Córdoba: Cátedra Unesco, 2010.

MONTERO FENOLLÓS, Juan Luis (coord.). *Arqueología, Historia y Biblia. De la torre de Babel al templo de Jerusalén*. Ferrol: Sociedad de Cultura Valle-Inclán, 2008.
—, *La torre de Babel. Historia y Mito*. Murcia: Tres Fronteras, 2010.

MOSCATI, Sabatino. *Cómo reconocer el arte mesopotámico*. Barcelona: Edunsa, 1993.

OATES, Joan. *Babilonia. Auge y declive*. Barcelona: Martínez Roca, 1989.

OPPENHEIM, Leo. *La antigua Mesopotamia*. Madrid: Gredos, 2003.

PARROT, André. *Mundos sepultados*. Barcelona: Garriga, 1962.

PÉREZ LARGACHA, Antonio. *Historia antigua de Egipto y del Próximo Oriente*. Madrid: Akal, 2006.

POSTGATE, Nicholas. *La Mesopotamia arcaica*. Madrid: Akal, 1999.

PRITCHARD, James. *La sabiduría del antiguo Oriente*. Barcelona: Garriga, 1966.

READE, Julian. *Mesopotamia*. Madrid: Akal, 1998.

ROUX, George. *Mesopotamia. Historia política, económica y cultural*. Madrid: Akal, 1997.

ROAF, Michael. *Mesopotamia y el antiguo Oriente Medio*. Madrid: Folio, 1992.

SANMARTÍN, Joaquín (ed.). *Códigos legales de tradición babilónica*. Madrid: Trotta, 1999.
—, *Epopeya de Gilgamesh, rey de Uruk*. Madrid: Trotta, 2005.
—, y SERRANO, José Miguel. *Historia antigua del Próximo Oriente*. Madrid: Akal, 1998.

SILVA CASTILLO, Jorge (ed.). *Gilgamesh. O la angustia por la muerte*. Barcelona: Kairós, 2006.

VICARI, Jacques. *La torre de Babel*. México: Fondo de Cultura Económica, 2006.

VON SODEN, Wolfram. *Introducción al Orientalismo*. Barcelona: Ausa, 1987.

WOOLLEY, Leonard. *Mesopotamia y Asia anterior*. Barcelona: Seix Barral, 1962.
—, *Ur, la ciudad de los caldeos*. México: Fondo de Cultura Económica, 1985.